文學叢刊之九十六

吳偉英著

萬里遊踪

文史哲出版社印行

國家圖書館出版品預行編目資料

萬里遊踪/ 吳偉英著. -- 初版. -- 臺北市 :文史哲,
民 88
面; 公分. -- (文學叢刊 ; 96)
ISBN 957-549-248-x (平裝)

1.世界地理 - 描述與遊記

719.85 88015739

文學叢刊 ⑯

萬里遊踪

著者：吳偉英
出版者：文史哲出版社
登記證字號：行政院新聞局版臺業字五三三七號
發行人：彭正雄
發行所：文史哲出版社
印刷者：文史哲出版社
臺北市羅斯福路一段七十二巷四號
郵政劃撥帳號：一六一八〇一七五
電話 886-2-23511028 · 傳眞 886-2-23965656

實價新臺幣 二六〇元

中華民國八十八年十二月十六日初版

ISBN 957-549-248-x

萬里遊蹤·目錄

周序／1
自序／5
春遊陽明／001
國家公園／002
陽明公園／004
旅美散記／008
前言／008
鳥瞰／008
兒媳的窩／012
兒媳工作和生活／016
紐澤西州首府／020
普林斯頓大學／021
婷婷的生日／022
美東市場／024
雜貨市場／025
自由女神／026
紐約巡禮／028
聯合國大廈／029
百貨公司／032
大西洋賭城／033
華盛頓特區／037
萬里親情／039
倦鳥歸巢／042
返鄉散記／045
探望堂兄晉祥／045
熱情慷慨的炯聲族侄／046
仙湖植物園／048
掃墓／049

魏彥才先生／050
劍英紀念館／052
陰那山靈光寺／053
香港國際機場／055
白雲珠海五羊城／060
甘受冰雪遊山河／070
粵比雄關大庾嶺／073
雁陣驚寒話衡陽／076
古今名將出長沙／079
洞庭波撼岳陽樓／083
武漢三鎮霸江東／087
黃鶴樓仙踪鶴影／091
九江雄扼鄱陽湖／094
廬山竹影幾千秋／097
安徽古今說從頭／103
滋陽雪夜飲馬血／110
微山湖畔台兒莊／112
至聖故鄉曲阜城／115
聖雄孟子的故里／120
沂蒙山區驚天險／123
登泰山而小天下／127
濟南山水李清照／131
黃河滾滾幾時清／137
龍吟虎嘯帝王州／141
海上花園譽青島／146
空留遺憾南城陽／152
龍蟠虎踞石頭城／156
金焦北固話鎮江／165
腰纏十萬上揚州／168
吳氏祖德源蘇州／171
十里洋場上海灘／175
山外青山樓外樓／178
十萬軍聲浙江潮／188
唇亡齒寒一葉秋／191
南昌故郡滕王閣／195
悵望雲天感落寞／201
瓊州孤懸南中國／204

周序

與邑中鄉長偉英兄相識將近三十年，但知道他會寫文章，卻是近七八年間的事。有一天，他送我一本遊記，書名是《萬里萍踪》。最初，沒多大注意，隨手擱在書橱裡，大概事隔半年，隨手取來翻了幾頁，發現文章極有可讀性，無論寫景、寫情、寫歷史古蹟，都極爲生動。因而，使我繼續讀了好幾篇，乃至不忍釋手，深深覺得他的文章質樸而不浮華，遣詞造句，都有一定的章法。雖然，在題材的處理上不夠嚴謹，而結構章法卻有大家風格，尤其，文中的情景交融，所展示的美感，更令人激賞，我乃重覆地讀了兩遍，並且特別選了幾篇在我主編的《實踐》雜誌轉載。後來，又選了幾篇在《世界論壇報》副刊刊出，獲得讀者的喜愛，引發了我內心的共鳴，認定他的文章不是孤芳自賞型的「陽春白雪」，亦非通俗的「下里巴人」之樂。乃建議他從自己熟悉的題材中再寫點文章，一則爲自己留下一點歷史痕蹟；二則亦可以文自娛，消磨寂寞時間。偉英兄接受我的建議，文章就一篇又一篇的端上編輯枱，使我頓覺有如獲文學瑰寶，不愁稿源之不足矣！

古人認爲文章是窮而後工，以我多年寫作經驗，文章都是迫出來的，只要有編輯催稿，有園地需要稿件，大都能迫出一些文章來。偉英兄最近推出的三本專集，都是近幾年「迫」出來的。因爲，他的文章一來就直接送電腦打印房，親自校對及放在拼版枱，我都是在刊出來後再詳細拜讀，覺得他的文章一篇比一篇精采，內容一篇比一篇充實、感人。尤其是當我讀到他的《相對無言的哀傷》、《離情別緒總感傷》、《無限悲傷無限訴》、《訴不盡的衷腸》、《懷念》、《親情》……等至眞至愛的散文時，我內心的酸楚、傷感，是極難以形容的。法國文學批評家泰納在他的《藝術哲學》中說：「我們看到愛的面目就是感動，不論愛採取什麼形式，是慷慨，還是慈悲，還是和善，還是溫柔，還是天生的善良；我們的同情心遇到它就是共鳴，不管它的對象是什麼：或者是構成男女之間的愛情，一個人委身給一個異性，兩個生命融合爲一；或者是構成家庭之間的各種感情，父母子女的愛，兄弟姐妹的愛；或者是鞏固的友誼，兩個毫無血統關係的人互相信任，被此忠實。——愛的對象越廣大，我們越覺得崇高」。

偉英兄在他的散文中所表現的夫婦、父子、兄弟之間的眞摯情誼，是永恒而普遍的，是人都應該有這份摯著。王國維說：「詞人者，不失其赤子之心者也。」又說：「詞人之忠實，不獨對人事宜然。即對一草一木，亦須有忠實之意，否則所謂游詞也。」（人間詞話）。

詩人、散文家李廣田亦說：「寫散文，實在很近於自己在心裡說自家事，或對著自己說人家的事情一樣」（談散文）。偉英兄的散文正是李廣田所說的「說自家事」和「對著自己說人家的事情」，他的情愛不獨表現在其日常生活的夫婦、父子之間，同時也實現於廣大群衆之中，如一九九五年冬將其居住的房屋變賣兩層，將所得之款，一部份捐給大陸的鄉親；一部份捐給旅台同鄉，以「老吾老以及人之老」的心懷設立「敬老基金」，這種作爲，已完全走出了個人的私愛，而及於孟子的「仁義」的博愛精神。

最近，他一口氣推出三部專集，由此間「文史哲出版社」印行面世，除了《萬里遊踪》一書有部份文章是從舊稿中改寫以外，其他兩書都是近幾年的精心力作。以他年高近八十的古稀之年，能寫出如此豐碩的作品，非常人所能爲，我想其最大的潛在力量，是他恩愛一生的夫妻之愛，讓他能誠摯地直抒胸臆，毫無保留地將這份人間至愛呈現在字裡行間。

在他的散文中，沒有虛構的故事，沒有假設的情境，我不敢說字字璣珠，但至少是句句實話。如果說，文學是生活的反映，而偉英兄的作品，絕大部份是反映其生活的眞實面，無論是內容和形式，都有點近於信手拈來，寫其至眞至愛的情懷，不雕琢、不矯飾，像一塊璞玉渾金，如一片瑩澈水晶。他不講究寫作技巧，但有其自然形成的表現手法，是親切、是率直，將自己的心境和盤托出。他傷感，卻不濫情；他悲懷，而不頹喪，他依然堅持著自己眞摯情愛，去企圖挽回一個幾近於絕望的幻影。

最後，我必須提到的是他對歷史的關懷，這是作爲一個知識份子最起碼的認知。偉英兄能對我國唐宋明人物的素描，說明他曾企圖在這些人物中找尋一些歷史的教訓，冀圖獲得一點進步的根源。人類學家一再強調，人類的進化，是因爲他能接受歷史的教訓。我相信讀者一定能在其《閒話唐宋明》一書中獲取一些歷史教訓而改變自己，或修正一些自以爲是的觀念。

歷史是不滅的，文學也不會衰毀。偉英兄這三部書將是他畢生的註釋，也是他留給其子孫們最值得珍視的瑰寶，特綴述數語爲序。

一九九九年十一月十四日

自序

我非作家。古人常言：「文章千古事」。這話對古聖先賢來說，是無可置疑。而我只是樵牧之童，少小失學，一生事業無成，竟敢一口氣出版「夢縈故鄉」、「萬里遊踪」、「閒話唐宋明」三部文集，可說膽大妄爲。

緣於一九九一年，我七一生辰，深感人生在世，一身如寄，短短數十寒暑，宛如朝露，姑不論個人成敗得失，在人生歷程中，留得一鱗半爪，爲後代子孫，了解我人生奮鬥歷程，明白家國淵源，體認傳統，重視傳統。尤以半紀以來，流落異鄉，託命天涯，漂泊流浪，生活顚沛，落籍台灣，遙望故鄉，雙親已逝，時局離亂，未能稍盡孝道，難報生育深恩，午夜夢迴，寸心難安。乃拾掇平素扎記、舊稿，彙整成集「萬里萍踪」—回憶錄，爲母難日之獻，留給子孫、致送親友爲紀念。

我國學基礎膚淺，不會寫文章，也從未寫過。撰回憶錄，用詞遣字，多不達意，且漫長往事，難作有系統、有層次的敍述。因此，不求文章絢燦，詞藻華麗，以眞實情感，灌輸字裡行間，將事實寫到眞實貼切，實話實說，不加迴避，想到那裡，寫到那裡。然而，世態無時不變，人心每多矯飾，往往表裡不一，我觀察是否正確，感情是否激盪，還眞難說！

周伯乃先生，著名作家，享譽國際，不以鄙著粗淺見棄，在其主編的雜誌，報紙副刊，選登數篇，給予豐厚稿酬，對我鼓勵，至深至大，促使我以兩年時間，閱讀舊、新唐書，撰成：「榮枯得失話唐朝」及「故園河山」兩中篇，開我寫作之始。未料，德未修，時運舛！一九九四年患「口腔癌」，兩次手術，且遠在一九七五年，我已罹患「高血糖」症，一九九五年四月十九日，我妻鄭氏群珍，又不幸因右腳「靜脈曲張」手術，庸醫誤人，竟成「植物人」。使我原來的美滿家庭，幸福生活，突變爲孤獨悽涼；快樂人生，頓成憂傷痛苦，地裂山崩，精神飽受摧殘，以致萎靡頹喪，消極厭世，鬱鬱寡歡，對人生已頻臨絕望！

幸遇鄉親周伯乃先生，秉人溺己溺，仁義心懷，伸出援手，拯我於危崖，且責成我爲文遣悲，其眞摯情誼，卒使癡迷覺醒，靈光乍現，茅塞頓開。感懷愛護之深，「馬一鞭而奮蹄，人受勉而勵志」。此後振奮心志，每日埋首讀書，執筆創作。時光流逝，四年以茲，轉瞬即將進入二十一世紀，我也成爲八十老翁，將撰成和修改舊稿百有餘篇，經「世界論壇報副刊」、「實踐季刊」、「五華同鄉會年刊」，分別刊出。

自知文筆粗拙，難符一般水平。惟念我生不逢時，又少小失學，歷經軍閥割據，抗日戰爭，國內戰亂，飄泊他鄉，妻受禍害，老來孤單悽苦。人生至深至慘之事，經歷備嚐。復念人生無常，風蠋殘年，若一旦遽逝，埋骨他鄉，精神與心血匯聚而成之產物，不忍成爲垃圾，因而輯印成册，公諸於世，爲兒孫後輩、親友、世人，做一交代。摩沙誦覽，在精神與心靈上可稍獲慰藉，或亦可從其中產生自然之情感和微末之得，乃抱傳後之微意，留作世人追思而已。

本書之成，承魏彥才先生函電鼓勵，陳史恆先生指導，魏楷才教授校訂，周伯乃先生鼓勵協助、更承爲「序」，文史哲出版社彭正雄先生出版發行，謹此，一併致謝。

吳偉英

一九九九年十二月十六日謹序

春遊陽明

陽明山是台北市近郊的風景區，市民休閒度假的好地方。幾十年來我夫妻每逢假日，常帶著孩子上山瀏覽，觀賞風景，陶冶性情，享受山林淸靜和新鮮空氣；一年一度的花季，總不會錯過。自兒子讀高中以後二十年來，只有夫妻倆結伴或我獨自漫遊了。去年春天，兒子攜孫女自美國回來，雖媳婦因公務去了歐洲，未能團聚共遊，稍感遺憾外，我夫妻還是很高興。未幾妻因「靜脈曲張」手術，不幸病變爲「植物人」。去年除夕，孩子夫婦攜女思諭回來共度春節，適逢陽明山花季，在心情鬱悶中仍作一日之遊。

陽明山，原名草山，泛指大屯山、七星山、紗帽山環繞的山谷地區，民國三十九年爲紀念明代哲學大師王陽明而改稱，並設「陽明公園」。迨民國七十四年成立「陽明山國家公園」雖併入版圖內，仍由台北市政府公園管理處管理。

日據時期，曾規劃爲「大屯國家公園」，預定地包含七星山、大屯山、台北縣觀音山等地，比現在的地區廣大許多，因第二次世界大戰而擱置。民國五十二年，有關單位將「陽明公園」鄰近七星山、大屯山、野柳、金山與富貴角等地山區，合併規劃為「陽明山國家公園」。惟當時尚無公園法而擱置。民國七十年，經何應欽將軍的提議，及有關單位的推動，四年後正式成立。現在先概述國家公園部份。

國家公園

據資料記載，國家公園地區，包括台北市盆地北緣，東起横咀山、五指山東側，西至向天山、面天山西麓、北迄竹子山、土地公嶺，南至紗帽山南麓，面積一一、四五五公頃。行政區包括台北市士林、北投區，台北縣淡水、三芝、石門、金山、萬里等鄉鎮的山區，海拔自二〇〇至一、一二〇公尺。

園區內有植物一千兩百餘種。有的原生於海拔二千公尺，因火山和東北季風的影響，冬季的高低濕度特質，而生長於區內，如龍瞻、昆欄樹。景觀大致可分：水生、草原和森林。水韮是本省特有，唯一生於本區，包括矢竹、五節芒不畏強烈季風，為本區常見的植物。由於區內林木茂密，各種飛禽、走獸、昆蟲、爬蟲棲息方便，覓食容易，有乳哺動物十八種、鳥類一一〇種、兩棲類三一種、爬蟲類四十種、蝶類二六〇種等，難以一一細述。

因海拔高度和緯度的影響，氣候屬亞熱帶與溫帶季風型氣候，極為明顯。春季二、三月是「陽明公園」的花季。屆時傲雪的寒梅、姹紫的櫻花、色彩繽紛的杜鵑、濃艷的桃、李，和端莊秀麗的茶花，先後綻開花朵。色彩繁多，艷光四射，香氣襲人，粧點大地春光明媚，盡掃寒冬陰霾和單調。夏季在西北季風吹拂下，午後時有陣雨，暑氣全消。雨後初晴，常可見「虹橋」跨立於山谷的景緻。深秋是五節芒開花的時候，一片花海，隨風搖曳；紅楓點綴枝頭，金黃片片，交織成「大屯秋色」。冬季經常寒風細雨，低溫高濕，雲霧瀰漫，別具一番景緻；強烈寒流來襲，七星山、竹子山、大屯山偶然可見白雪紛飛，成爲銀色世界；梅花含苞待放，更爲亞熱帶居民嚮往的美景。

七星山，海拔一·一二〇公尺，高聳挺拔，是台灣北部的最高峰。從山腳至半山亭，樹木蓊鬱；至「七星公園」和「夢幻湖」遊客，沿山腰小徑東行。由半山亭上山，路徑逐漸細小、曲折，嶇崎陡峭，常需攀爬而上。因風力強勁，樹木漸少，矢竹和五節芒，不畏疾風，遍山皆是。山頂光禿，僅有一座木亭，常有雲霧籠罩，若遇旭日和風，天晴氣朗，眺望台北市區和北海岸，盡在眼底。上山固難，下山路更面臨懸崖峭壁，又無護欄裝設，遊客多視爲畏途。

夢幻湖，在七星山腰凹地，爲天然湖，泉水充足，從不枯竭，湖中「水韮」，是台灣稀有植物。由於各種植物叢生，飛禽走獸昆蟲飛蝶，很多棲息其中。氣溫天候，常常變化，有時晴天麗日，忽然烏雲飄至，即下陣雨，瞬間又麗日晴天。因雲彩和日光照射角度等因素，湖水常會變成各種色彩，似眞似幻，因而得名。眞是：「水光瀲艷晴方好，山色空朦雨亦奇。」是青年男女遊玩、談情說愛的好地方。

竹子山下有「竹子湖」，湖水清澈，四周綠草如茵，樹木茂密，抬頭仰望，幾不見天日。環境清幽，空氣新鮮，是怡情養性的好地方。

大屯山，是火山爲主體，分佈地區很廣，外型也很特殊；有錐狀或鐘狀火山體，火山口、火山湖，構成特殊景觀。氣孔和溫泉，主要分佈於北投至金山的「金山斷層」周邊，地表水下滲至地底，被熱能加熱後，由地殼裂隙處向外冒出，形成火山活動的景觀。小油坑、馬槽、大黃咀等地－尤其龍鳳谷、硫磺谷，強烈的噴氣孔，更具代表性。成爲大屯山特殊景觀，造成大屯山和新北投各地的溫泉區。

園區內盛產硫磺。硫磺是製造火藥的主要原料。據載：明朝時有商人以瑪瑙、手鐲等貴重物品和原住民換取硫磺。清康熙年間探險家郁永河曾探查廣大硫磺區。同治年間因民間私製火藥而禁止開採；甚而定期放火燒山。對私採者科以重刑，直至劉銘傳駐臺灣時，才獲准官採。

整個國家公園，除上述的景點概述外，尙有龍鳳谷、硫磺谷、二子坪、小油坑，冷水坑等遊憩區、大屯自然公園、擎天崗特別景觀區等，未能一一縷述。

陽明公園

在七星山南麓，是現在市民平常所稱的「陽明公園」，於民國三十九年闢建，迨「陽明山國家公園」成立後，併入園區，仍屬台北市管轄。園區內大部份山坡地，是該地居民李氏昆仲所贈。爲紀念兩義士築碑紀念，碑高九尺，是一塊天然岩石鑿成。先總統蔣公題「孝友崇義」，由張資政岳軍撰文，許資政世英丹書，表揚李氏昆仲獻地建園事蹟。

步行上七星山南麓，最先僅有好漢坡階梯路，現在有繞山的斜坡路，和新築成穿越馬路隧道到山頂的道路，花費時間雖較多，但平坦好行。因好漢坡階梯路，山勢陡峭，每一級階又高，登山非常吃力，大家都選新路而上。半山有梅園，建有「吟梅亭」，旁有「沈篤悟」紀念停。沈君是榮民總醫院名醫，熱誠好義，公而忘私，積勞成疾，英年早逝，褒揚他好義精神，築亭紀念。我夫妻每次遊山，一定在亭中看報讀書。

觀景亭，築於山頂，顧名思義，是觀景的好位置。視野廣闊，沒有遮攔，遠眺近觀，陽明山美景，盡在眼底。我常佇立亭中－尤其「母難日，」面向西方，默默禱祝爸媽在天之靈，早日安息；祝福大陸親人健康愉快！現在更為妻的病，禱祝上蒼、諸天神明，庇佑她早日脫離苦難！

半山的梅花和山頂廣大平台上的櫻花、桃花、李花、茶花、杜鵑花，冬末春初，含苞綻放，繁花處處，嫣紅姹紫，爭妍鬥艷，芬芳飄送，蜂蝶飛舞。觀春遊客，紅男綠女，穿梭其間，說不盡春光旖旎，春景無限好。廣大平地中有一片濃密林樹，列為童軍子露營區，附近有停車場、三處石砌大平台、有假山、流水、亭台、石桌、石凳、烤爐等設施，是露營、郊遊、野餐烤肉的好地方。

陽明公園，有前、後山公園之分，前山公園只是居民休憩的地方，無可記述。後山公園－陽明公園，包含七星山整個南麓，是觀光景點最多密集的地方，除前面談到七星山麓的景觀、設施和李氏昆仲的紀念碑，山內有辛亥樓，紀念辛亥年武昌起義，革命成功，締造了中華民國的事蹟。是一座富麗堂皇;中國式兩層建物，屋頂有花園，遠眺觀音山，層巒疊岫;淡水河如玉帶蜿蜒，風帆點點;關渡橋似長龍臥波，裝點山河壯麗。近觀陽明山無限美景，梯田青翠，遊目騁懷，顯現詩情畫意。樓前有池，引泉爲水，長年不斷，錦魚無數，活潑游嬉，爲兒童喜愛觀賞瀏覽的景點。樓前大草坪，有國父、蔣公銅像，紀念兩位開國和北伐抗日的豐功偉績。

噴水池，池徑十九公尺，高九十公分，深七十五公分，有九種不同變化，配合紅、藍、綠、紫、橙五種顏色，噴出彩色泉水，設計精巧，景色美麗，令人賞心悅目。

陽明瀑，是一條瀑布分成三疊，非常壯觀。第一疊，在萬綠叢中像匹練倒掛。第二疊，像萬馬嘶奔，雪花飛舞。第三疊，似雷霆萬鈞，氣勢磅礴。原名「三疊瀑，」先總統蔣公改題「陽明瀑」，書三字於山壁之間，益壯山川氣勢。

隱潭梅園，在林木掩映中，瀑布直瀉而下，成爲一潭清水。因爲水從濃密林中瀉出，附近又遍植梅花，象徵凌霜傲雪，蔣夫人宋美齡女士題「隱潭梅園」。潭有朱紅水橋，橋畔石刻王陽明先生墨寶「山水之間」。

王陽明先生，浙江餘姚人，天資豪邁，學識淵博，獨創「致良知」與「知行合一」之學，爲後人所景仰，草山改爲「陽明山」，就是紀念他對學識偉大的貢獻，並塑銅像矗立於綠草如茵草坪上，供人瞻仰致敬。

「陽明公園」計劃面積約一二五公頃，目前已開發的僅約半數。設計多採中國式庭園佈局格調，亭、台、樓、榭，力求典雅。曲水荷池，飛瀑噴泉，順應自然。園內觀光景點，除上面概述外，尚有明恥亭，盧光輝先生紀念亭、花鐘，服務中心等等，以及許多花架、各式座椅，未予詳述。每一遊賞景點設計之精緻，均能令人目不暇給，流連忘返。誠為台北市民休閒遊玩的好去處。

此次春遊，因妻臥病在醫院，一家五口雖團圓而未眞正團圓，人生的際遇，多少令人失望、感嘆和無奈！

載於實踐季刊

旅美散記

前言

兒媳去國十年，如今已女兒成雙，全家只返回台灣一次。往返機票以經濟艙，每一張票大人需三七、五〇〇元，小孩半價。長途飛行，若要坐稍爲舒適一點的豪華經濟艙，還需另加大人六、〇〇〇元，小孩三、〇〇〇元。美台兩地，往返一次大小四張機票，就需十萬多元。因此，兒媳不能常回台灣省親，實有其難處。但時時懷思我這個老人，每周打來電話問安，總希望我遷居美國，俾晨昏定省，照料起居；至於長期住院的母親，另請人照顧。縱然不願離開台灣，安土重遷，前往美國一遊，探視未見面的小孫女，亦可稍慰懷念之情。

今年初秋，兒子回來探望住院療養的母親，又懇切請求赴美看看活潑可愛的小孫女，遊覽美國風光，舒散鬱結多年的胸懷。在兒媳竭誠敦請下，雖深憚空中飛行，長途跋涉的辛勞，亦難再推辭。乃決定乘坐長榮航空公司巨無霸客機，橫渡太平洋，跨越美洲新大陸，到美國東部紐澤西州之旅。

鳥瞰

公元一九九八年十一月十八日下午七時，飛機載著滿懷熱烈和家人團聚的希望，和一絲長途跋涉辛苦的恐懼，自桃園中正機場起飛。八時吃晚餐，有金錢肉片、乾燒蝦仁、餐包、茶、咖啡、酒、時鮮水菓，以及其他飲料。十時機上的照明熄掉，讓乘客休息，但若乘客需要看書報，可以用個人專用的照射燈。我在飛機上睡眠很少，枯坐無聊，幸得攜帶一本魏彥才先生新著「閑情記舊」，幫助我在不能睡眠時，打發漫長的旅程。

該書由台灣名作家馳譽世界的周伯乃先生爲序，文中說：「魏彥才先生是廣東省五華縣人，出身軍旅，解甲歸田後從事教育工作多年，孜孜誨人，桃李滿天下，後來也曾受到人所共知的磨難。但絕不恢心喪志，常執筆寫詩、散文等，著有：「春暉園詩文選」三冊，現在雖到耄耋之年，仍勤耕不輟，這就是他決心將『閑情記舊』寫至一千則的壯舉。這種堅毅執着的精神，實令人欽敬佩服……」。

「閑情記舊」是歷史的濃縮，典籍的劄記，是啓人心扉的傑作，尤其對古今中外名人軼事，更具有旁徵博引的史乘價值。全書現有五一六則，每則多則四、五百字，少則一、二百字，而文章凝鍊，已到多一字嫌肥，少一字嫌瘦的境界。曾陸續刊載在世界論壇報，深獲讀者喜愛。全書我有幸代爲校對，先讀爲快。此次結伴遊美，不單在飛機上、在美國家中幫助我打發空餘時間，更使我有機會重讀，加深認識，獲益匪淺，我返國時將該書留贈給兒媳珍藏。

台灣時間十九日凌晨四時許，因時差關係，美國西雅圖仍是十八日上午十時，空中小姐打開機上照明。我從迷茫中張開眼睛。這時飛機已越過北太平洋東西分界線，已是大白天，瞭望窗外，藍天白雲，渺無涯際。空服小姐送來擦面紙巾，跟著送來早餐：茶香鷄、寒菊綉球粥、磨菇蛋包、餐包、時鮮水果，各種飲料，和昨天的晚餐，都美味精緻。

上午十一時機長廣播：十二時飛機抵達西雅圖，因空服人員需要清潔飛機、加油等，全部乘客必須携帶隨身行李到過境室停留一小時再續航。待飛機逐漸降落時，我好奇美國的河山，做第一眼的「鳥瞰」西雅圖。地方廣闊平坦，看不到高山，看不到高樓大廈，民房都是西式兩層和別墅式斜頂房屋，屋與屋之間有很大的空地，種有一叢叢樹木。機場大厦面積似乎很大，但只有三層。機坪上停放著各式大小飛機，有國際、有內航。長榮班機在此下機入境的旅客很多，是國際線。西雅圖至紐澤西州，屬美國國內航線，長榮公司的飛機在此不能搭乘客人。

下午一時十五分，繼續飛行，乘客已減少許多。又是午餐、晚餐，到達紐澤西州、紐瓦克機場，已是萬家燈火，當地時間是二十一時三十分，台灣時間是十九日上午十時三十分。因塔台指示暫時不能降落，飛機在機場上空繞了好幾個圈子。我打開機窗，再次鳥瞰了機場附近的大地，看到的全是燈光閃亮光芒，有不動的燈光，有蠕蠕而動的車燈，像無數長龍，一條條並排或交叉遊走。燈光照耀大地很光亮，但見不到一幢高樓大廈，有些地方一大片黑沉沉，汽車在中間穿行，初時誤以爲是大工廠或湖泊，後來確定不是。因爲工廠會有燈火，湖泊會有水，有水會反映燈光。以後幾天在高速公路上，才明白是森林，別的地方不知道，美國東部自紐約至華盛頓五、六百公里高速公路兩側，就有很多類似的大叢林。

十時飛機降落紐瓦克機場，西雅圖還是傍晚七點，兩地同是美國，而東西時差仍有三小時。這次飛行時間，總計十六小時，據說因順風而快了近四小時。

我提著簡單行李，驗完證件不用等取行李，直朝檢驗方向而行。依據台灣經驗，檢查行李處有很多櫃台，我舉目四望，找不到類似地方，自己不懂語言，無法查問，乃向兩個美國人比手勢問出關地方，其中一人用國語叫我過去，拿驗關時蓋有驗印的半張紙給他，叫我可以從後面走了，我愣了一下，有點迷糊。傳說美國入關很嚴格，有朋友去德州探親，問了半天還請來翻譯解釋，才得入境。我沒有被問話，行李也沒有被檢查，可能只花兩分鐘就通行，其中道理我實在不明白。

夜航班機客人很少，候機室空蕩蕩只有我兒子在等待，父子見面，當然高興。外面氣溫只有八度，除了臉上有點刺膚以外，沒有特別冷的感覺，也許心裡高興，就沒有感覺冷了。

機場至兒媳的家，相距只有三十分鐘車程，媳婦和孫女還有媳婦的母親唐家親母，都還在等候，尚未就寢，不用說大家都很高興，難得小孫女也要我抱抱。我雖然長途跋涉，應該很疲累，也許在親情溫馨中，似乎精神很好。

兒媳的窩

兒媳的家，使我深深感到他們築的巢很舒適溫暖，有豪華氣息。昨夜到來還未做整體觀看，就有這種感覺，所以我說，這樣的窩，台灣億元富豪的別墅，也不過如此，你們擁有了，我還躭心什麼？

家，屬於紐澤西州，密德薩克斯縣、平原鎮、淺水河社區（以後車程以社區爲起點），佔地十餘萬坪。有六條巷道，每條寬二十尺，開闢成彎曲不定型的柏油路面，使人沒有呆板的感覺，反而有藝術氣息和美的感覺。巷道底有兩丈圓形陸島，爲車輛廻轉道。巷道兩側有兩尺多空地，種植路樹，再有四尺鋼筋水泥三合土的行人道，每四尺成方塊，十二尺隔一簿木條，預爲其中一塊損壞時，不致波及其他。每戶有車庫二、三間不等，由巷道至車庫有專用道，寬丈餘，深二、三或四、五丈不等。巷道入車庫側，有信箱、門號、水、電錶等設置。家中垃圾自行分類，每周兩次放在道旁，政府有專車收取，至於報紙、木板、玻璃、壓克力等分類綑綁好每月有規定時間來收。

整個社區只有五十三戶，除公用設施，每戶擁有土地一千坪或更多。每條巷道所建房屋，依地形不規定數量，錯落於廣闊視野中。每戶建坪不含地下室，約一百坪上下，建在人造小丘上，比巷道約高四、五尺，四面小斜坡，左右後方坡底與鄰居相接處，雖沒有做明暗水溝，自然形成草地水溝，流向巷道暗渠。再至社區邊沿兩個約四、五千坪的集水池；水池平時乾枯清潔，只是預防大雨時排水不及，做蓄洪之用。這與台灣寸土必爭的情形，環境和觀念上實有很大差別。

土地屬於自己的部份，房屋後面可以做圍籬，種自己喜歡的植物果樹或花草，前門和屋兩側爲整體美觀不得做圍籬，至於種花或果樹可以自行決定。

美國鄉村的民房正面沒有直接到巷道的路，地區遼闊，出門沒有汽車代步，難以行動，故家人出入大多由車庫進出，大門可說爲客人而設，而客人來訪，亦必坐車前來，停放在主人的車道上，然後由屋前小徑至大門。

兒媳的房屋，是西式兩層洋房，外觀非常亮麗而有高雅氣息。由車庫至大門有三尺寬的小徑，靠牆和大門兩側空地是花池，種植各種花草。門前種果樹和花草。大門是黃銅框鑲玻璃，裡面是木門。大門上端是玻璃牆。進入屋內，玻璃牆透進的光，使樓中樓設計的正面和後面上二樓的階梯以及右側的客廳，左側的飯廳，採光都非常明亮，這兩廳是專爲客人而設的。大門內左右兩側有壁櫥，分爲客人準備的拖鞋和掛衣帽之用。由通道或飯廳進入廚房，也是家人平日的餐廳，有料理台、爐台、吊櫥，全用上好木塊做成，很明亮順眼、舒適；吊櫥和爐台內，裝有烤箱、微波爐、洗碗機、和兩個洗菜槽，爐具是用液化氣。有一座兩扇門的冰箱，蓄存一周用的食品。廚房另一端有平時家人自用的餐桌，有門通往後院。經過雜物間，有門通往車庫。通道和廚房進入後面一間大客廳，沒有二樓，三面凸出各有窗戶，加上屋頂兩面傾斜鑲有玻璃，採光非常良好。有一部六十吋的電視，西式壁爐，簡單擺設，有舒適幽雅的感覺。

進大門正面和背面都有樓梯可以上二樓，樓梯下有衛生間，右面有一間套房，二樓主人房內有浴室、衣橱、書房，另有三個房間，一個衛生間，樓上通道以外，屬樓中樓設計，前面挑高至屋頂，沒有壓迫感。

由樓梯下進入地下室，寬度和地上層一樣。四壁用鋼筋水泥三合土，高出戶外空地數尺，採光良好，沒有潮濕情形。暫時不需用到，並未裝修，除安裝冷暖氣、熱水，瓦斯等設備外，只做存放雜物之用。

樓房的結構，除地下室四壁用鋼筋水泥三合土，防滲水以外，地面以上的建物甚而浴室除表層用瓷磚以外，全是木材建成，而且横樑也是木材，和房屋本身只用鐵鉤鉤住，可說與本屋不相連結。中國人平素注重「根基穩固」的觀念，這樣的建築簡直是兒戲，若非親目所見，實不敢相信。難怪電視播出美洲各地，遇洪水和颶風肆虐時，一座座房屋隨水流盪、隨風飛舞。然而兩周觀察美國各地，除大城市的高樓大厦，鄉村均是此類建築，其原因難以知道，這是國情吧！

可是，此種房屋的價格，仍很昂貴，就以兒媳這棟房地價錢，仍需四十萬美元。且公告出售時間兩小時即售賣一空，還有很多人向隅，實令人感到奇怪。據說：因爲這個社區就讀的學校，由小學至中學、高中都很優秀，美國幾個著名大學之一的「普林斯頓」，也屬這個學區，相距只十多分鐘車程，區內高中畢業申請者，大多有優先的機會。這就是人們爭先恐後購買房屋的原因。想不到，到處楊梅一樣花，美國的父母，也爲兒女的讀書，費盡苦心。

社區一方靠洲際貫線道路，三面外圍是大片叢林，建商因銷售良好，有利可圖，曾向政府申請闢叢林再建一個社區，政府不批准。因爲叢林能使社區空氣清新，環境品質良好，不因開發地方，增加稅收而改變已定規劃。

整個後院約七百坪，已以木塊圍籬，漆成白色和房屋連接，外觀有高尙的感覺。院內闢了一個小菜圃，做了幾件兒童玩耍的設施、滑梯、搖搖椅和一組露天圓桌，爲休閒之用。

客用飯廳中的擺設，雖然簡單，卻掛著我寫的兩紙條幅，其中一幅有兩首詩：

燕爾新婚喜正濃，驪歌聲慢祝情融；
酒宜歡飲休貪醉，明日天涯路萬重。
萬里他鄉即故鄉，故鄉風物切毋忘；
清明祭掃勿嫌遠，至德家聲世代揚。

另一幅寫著：

萬里雲山懷故國，天涯明月繫親情。

這條幅是兒子媳婦結婚後出國念書時，在餞別家宴後所寫的，字雖粗拙，意義頗深，非名家手筆，兒媳竟掛在招待客人的餐廳上，不怕見笑方家。我雖訝異，亦感欣慰，他們孺慕之情，昭然無餘。記得另有一首律詩未見，不知曾否寫成條幅？現再補述如后：

佳兒賢媳渡重洋，雙燕含泥且作樑，
客地遊踪宜互勉，故園唯望重安康；
無涯學海休荒嬉，有志名揚應可期，
負笈他邦成就日，高堂白髮盼歸時。

兒媳工作和生活

媳婦的工作，在一家化學公司任研究員。這家公司組織龐大，海外設有很多工廠，本地祇設研究部，研發成功的產品，交由海外工廠製造銷售，美國本土所需，亦由海外運回。這大概因爲本地的工資昂貴，外地便宜，加上運輸費用，仍較國內自製划得來。

研究部門，謝絕參觀，我無緣一窺堂奧。據說：行政員工不計，單研究員就有一千多位，全是高學歷。博士佔三分之一強，碩士佔絕大部份，大學士寥寥無幾。一個公司的研究員有那麼多人，組織龐大可以想像。美國的公司，很多自己肯花大錢去研究，成果碩著。所以國家和企業，都傲視寰宇，獲得榮譽。反觀我國有些企業，祇顧眼前謀取暴利，沒有永續經營的意志，豪邁遠大的目光和思考，自己不肯花錢設研究機構研發產品，專事代工或仿冒，投機取巧，個人事業固不能長保信譽，國家也被連帶蒙羞。

兒子和朋友自組公司，經營電子行銷，公司地址，祇距家十五分鐘車程，我去過兩次。美東地區除大城市的公司行號，都不是設在熱熱鬧鬧的地方或高樓大廈。以台灣來說是道道地地的鄉下地方。其實不然，美國的買賣場所多零星設在有廣大停車場之間，所以到處都是零零星星一家家的商店。

當汽車停在廣濶鄉村馬路停車位上，下車後，舉目所見，附近有樹林，蘋果園和幾間很大的平頂房屋，每間前後像側放的樓梯不平整，每間有突出部份約十多尺寬，一扇不銹鋼玻璃門和一個窗戶。一個階梯形代表一個門牌，也就是一個公司行號。這個地區有幾個大房子，每個大房有數十個門牌。每個門不面對馬路，而是和馬路朝同一方向，每戶有二、三個窗戶朝向馬路，窗下除了種花草，每兩間有一條小徑至後面一間。窗戶因室內長年用冷熱氣，可說窗雖設而常關，只供採光和美觀而已。

招牌漆在牆上，整齊醒目美觀，不像亞洲地區的橫掛直掛，顯得凌亂。幾個大房子各有門牌號碼，爲易於分區別，每棟房屋上端分別漆有：紅、黃、藍、綠等顏色條紋爲分區標記。每個大房子，由大約三十尺寬、一百五十尺長、四、五十間叠爲一組。馬路很寬大，兩側有凹進去爲各戶的停車場，大約各有十個車位。由停車場至屋門，有約兩丈餘小徑，入門有職員卡位、經理、會計、會議室、衛生間，成爲一個辦公體系。有門通向後面的倉庫。這是一間辦公和倉庫合組而成的房屋。庫房後面凸出部份和前面方向，正好相反，有一扇人員進出的門，和上下貨物的活動大鐵門。車輛後面可以直接靠近大鐵門，上下車貨物，由堆高機直接裝卸。

兒媳兩人每天都很忙碌，生活緊張。媳婦早上六點起床，招呼兩個女兒的清潔，早餐等等；大女兒七歲已經上學，早餐後急急忙忙要依規定時間送到學校交通車接送學生的地點。如果錯過，必須直接送到學校，有時連自己吃早餐時間也沒有。下午三時多學校放學，仍留在學校，參加課外活動至六時半。媳婦下班後接到孩子再回家。小女兒才一歲半，白天托褓母照顧，不說也知道更磨人，當然這得夫妻分工合作。

兒子也同樣早起，兩個孩子媳婦一個人是忙不過來，必須夫妻共同來處理。孩子的飲食，衛生、穿著都在緊張中處理，一個要上學，一個要送褓母，不單地方不同，方向也不同，得花更多時間。送時是夫妻一人送一個，接回家大多是媳婦的專責了。回到家自己疲累不用說，兩個孩子又得忙個不完，還得弄一家大小四口的晚餐和明天中午夫妻兩人的便當。

兒子自己做生意，應該時間可以自己掌控，但他的客戶各地都有。美國地方大，很多地方時間有差異，即以加州來說，貨源多從那裡來。美東下午五時已是下班時間，而加州下午上班才一小時。爲了生意必須等待顧客，數量多少，交倉庫發貨，交付貨運公司，要進貨，亦需在美西方面公司下班前辦完手續，才能掌控交貨時間。所以，從早上送孩子上學或托兒所，到晚上八點半左右才能回家，和家人共同吃晚餐，只有等待假日了。晚飯後媳婦要處理兩個孩子的事務，洗碗清潔厨房，該責無旁貸。

美國規定周休二日，想像中可以休息了。然而這麼大的房子要清潔，整理，前後院的花草施肥灑水、汽車清潔保養，下一周的菜要買，等待要做的事一籮筐，一樣一樣都要花時間，周休兩日只是一個名詞。而且，爲了不讓下一代對「中華民族和中華文化」逐漸湮沒失落，周日下午犧牲娛樂時間，送大女兒婷婷參加佛教界舉辦的「佛濟學校」，補習中文，加強中華語文教育。孫女雖只有七歲，但對中文學習很熱衷，很用功。第一次參加中國話國語初級班演講比賽，榮獲第二名。所以周日除了早上可以多睡一些時間，對兒、媳兩人來說沒有什麼意義。一週復一週，一年復一年，時間流逝，生活很少變化。有形的是孩子逐漸茁壯，健康活潑；無形的是做父母的額頭悄悄地有了皺紋，兩鬢有了白毛。天下做父母的心是共同的，只要看到孩子健康活潑，日漸長大，自己再辛勞艱難困苦，心中也充滿歡喜溫馨，臉上洋溢著滿足的笑容和喜悅！

大孫女已讀書，有她自己的生活圈子，兩年前曾回台灣一次，我倆祖孫曾建立了一點感情，但這短暫的感情，這次再見，已隨時光流逝而淡薄，不單沒有繞膝快樂，甚而有些排斥情形。小孫女未滿兩周歲，活潑可愛，如小鳥依人，抱她、餵她都沒有排斥，這十多天她眞的給予我享受含飴之樂。

人們說：在美國奮鬥的孩子，不容易學壞，誤入歧途。誠然，像昌兒這樣工作情形，縱然想逾越人生正常軌道，做些不按規矩的遊戲，除了大城市，根本沒有台灣、日本和東亞其他城市，下了班上酒廊，啤酒屋、卡拉OK的環境，想要學壞，恐怕也難。

兒媳現在很幸運，媳婦的媽唐夫人，因大姐不需照顧，弟又去了大陸工作，在台灣一個人獨居，請她去美國小住，俾便侍奉，熙養天年。老夫人持家教子，經驗豐富，疼愛兩個外孫女，在她照顧教導下，一切都好，家務有她操持，兒媳兩人的工作壓力減輕了大半，早飯無須緊迫盯人；每周市場買菜，能夠滿足一家人的肚子，又能節省開支，「家有一老，猶如一寶」，誠哉斯言。

紐澤西州首府

紐澤西州的首府傳登市，想像中凡是首府，都是很繁華熱鬧。我到過中國十數省和電視上看到大陸未到過的省和世界各國的首府，都是繁華熱鬧。兒子雖然多次談到紐澤西州首府，沒有什麼好參觀的，我總認爲來到該州的地方，而不去參觀一下，總感到過門不入，是爲不情而難以釋懷。孩子爲了順從我，開了三十分鐘車程，完成我的心願。

首府和紐瓦克機場，好像等邊三角形。我去的那天是二十二日美國的星期六沒有上班，首府可以用死城來形容。州政府各辦公大樓，重門深鎖，既沒有門衛，也沒有警察崗哨，看不到車輛行駛，這樣的情形，沒有下車參觀的必要。車子繞著幾條馬路，慢慢轉了幾圈，除了幾棟很像樣的房子，只看到一個黑人瑟縮在街角。

政府的幾棟大樓，是十八世紀的建物，用麻石堆砌而成，門前石柱和一些門楣窗戶，雕刻有精緻的人物花鳥，可以列入古物保護了。有一條用紅磚砌成的馬路，是開府時砌成的馬車道，現在汽車暢通，而古道依然，可以知道美國人對古物的珍視。我此行雖沒有看到熱鬧和特別事物，看到別人珍視「紅磚道」，就不虛此行。

普林斯頓大學

普林斯頓大學，是全美國幾個著名大學之一，和紐澤西州首府，僅一河之隔，只十五分鐘車程，乃順道一瞻名校。

過橋就屬校區，馬路穿越校區中間，左爲學校，右爲宿舍。另有商店區，地方是校產，爲學子方便准予設立，故仍屬校區。商店是一間間獨立房屋，不像台灣的店鋪連在一起，商店寬濶的門面，除進出的門，全部鑲玻璃，讓人可以看到裡面的擺售的商品。這些商店，人員很少，很多只是一個人照顧。推門進入，會有鈴聲，是告訴店員有客人上門了。這些商店既是爲學生而設，凡上課時間或假日，很少有人光顧。

校區遼濶，樹木濃蔭，環境淸幽，是學子讀書的好地方。美國到處可以看到楓樹，不知是否有特別意義？不單校區而且高速公路以及鄉道兩側，都種植很多楓樹。想起南京近郊棲霞山的紅葉滿山，景色宜人，使人流連忘返。美東到處都有楓樹，如果是秋天，紅裳遍地，與日月爭輝，該是多令人賞心樂事。可惜時不我予，如今雖仍有零落花樹穿著紅裳，大多已成黃葉，頗令人有紅楓飄零，大地蕭瑟衰颯的感覺！

學校設於十八世紀後期，以一些建物所刻的年份，大約是一八七〇年前後。很多建物是紅磚、蔴石堆砌而成三、四層樓房的古建築。蔴石柱、門楣、窗戶，有些記載建築時間。有幾間大理石建物，沒有記載，就不知時間了。我去參觀是禮拜六的上午，除了宿舍門口有些腳踏車以外，看不到一個人，無從探查一些校史。

愛因斯坦，原籍猶太，一八七九年生於德國，一九三三年被迫離開，遷居美國，是世界偉大的數學和物理學家，創相對論見稱於世，同時對電光效果應用的電子假設，產生獨創的電子學說，於物質波動有重大貢獻，現代原子能的發現，實淵源於他的學說。他任教於斯校，是著名教授，於一九五五年逝世，學校爲他建了紀念館，爲後人瞻仰，可惜假日紀念館不開放，未能參觀，深感遺憾！

本州另一位土生土長，創造近代人類文明的科學發明家愛廸生，生於一八四七年，死於一九三一年，少年失學，勤奮有成，發明電燈、留聲機、電影等千餘種對人類文明生活，有極大貢獻。他雖然不是普林斯頓大學的學生，也不是教授，而是榮譽博士。他的紀念館離學校不遠，雖和普林斯頓大學，沒有太大的關係，但和愛因斯坦都是世界知名人士。使該州人士，引以爲傲，而且和普大多少有些關連，所以該校能成爲美國著名學府之林，有其因素。

婷婷的生日

孫女婷婷生於一九九二年十一月三十日。我這次去美國，雖然是探視兒媳一家，從九月選到十一月中旬才動身，多少含有參加孫女生日之意。但二十二日卻提前舉行，事前兒媳沒有告訴我孫女生日的事，爲何提前和如何慶祝?當天午後說：爲婷婷舉行生日遊樂會時，我感到愕然!因爲我從來沒有想到小孩生日不在家裡，而到別的地方去慶祝。台灣這情形自己固然沒有參加過，也沒有聽說過，深深感到自己孤陋寡聞，與時代脫節。

慶祝的地方，是兒童遊樂場，設在一間高三十多尺，面積約六、七百坪的房子裡。原是一間電影院，因附近新設一間有十八個放映場的電影院，把生意拉走了，只好改行做兒童遊樂場。門票不論大人小孩，一律兩元。這似乎很不合理，裡面的設施、大人只是照顧小孩而不能玩。場內有涵洞、滑梯、橋樑等普通嬉耍的設施，任由小孩玩到盡興。至於飛機、坦克、汽車、獸類等十多種電動玩具，每玩一次要投二角五分的硬幣一個，而登山練習場，要一個人專門照顧，就需花一元了。

遊樂場另一邊，隔成十幾個約六坪大的房間，擺了小桌凳，專門供給小孩團體租用，每個房間可容十五至二十人，以十個人爲最低消費，每位小孩十五元包含生日的小孩的家屬以及參加集會小孩的家屬門票。每一房間有一位服務小姐，供給飲料、糖果、爆米花，而披薩、按人數供應，大人若有興趣亦可品嚐。切生日蛋糕，唱生日快樂歌時，大人小孩集中在一起，是熱鬧最高潮。裡面的設施，任由小孩隨意玩耍，服務小姐也分發每人幾個角子去玩電動玩具，不夠只好由大人掏腰包。

當抵達現場，看到擁擠的情形，每個房間都客滿，才知道孫女眞正生日那天，已經沒有房間，所以提前慶祝。孩子生日是讓她高興，他高興的是能夠集合她自己的同學，玩伴來慶祝自己的生日。每位被邀請的小朋友，都由父母陪著前來，還攜帶祝賀生日的禮物。事後我才曉得美國孩子的生日，大部份是如此過的。除了父母親人以及小朋友父母送的禮物和祝福，還快快樂樂和自己的玩伴，無羈無束玩一天。我除了祝福，深深感到美國是孩子的天堂。

美東市場

紐澤西州有多少亞洲人，沒有資料，不得而知，據說單是中國人就有五萬人。從專設一個菜市場，大概可以肯定。該市場名爲「美東市場」，用中國字寫了很大的字在門楣上，一看可以知道爲「中國人」而設的。

市場外有廣濶的停車場——美國除大城市所設的市場，量販店、百貨公司、餐廳、電影院、遊樂場等等，都有很大的停車場，免費供顧客使用。本市場外尚有廣東燒臘店、理髮店等和人們生活息息相關的商店。車程約三十分鐘，另一個本地人的市場，只要十五分鐘。

市場內服務人員，誠懇有禮貌，有些會講國語。所售的食品貨物，全部都標價，台灣有的物品都有，從各種蔬菜和中國人的特別菜、豆腐、魚丸、貢丸、牛肉丸都有。以前沒有看過的也很多，南北乾貨，包裝糖果，各種罐頭，家庭用品……。魚有冷凍鮮活，專爲顧客服務的有三人，當顧客指定那條魚，過秤說明斤兩價錢，要代爲清理，即用電刀刮鱗開肚，洗淨後放進袋內，貼上價錢。豬、牛、羊、雞、鴨，分門別類擺好，任由選擇，也有熟品以及滷味、牛肉、豬腳、雞翅膀等等。總之從入口到出口，不單食品、家庭用品、一切日常所需的東西，會裝滿你的採購車，到計價台憑標籤計價。如果你用信用卡，只有減少數字，用現金，荷包就會瘦了。

雜貨市場

雜貨市場，三十分車程內兩個，台灣的萬客隆、家樂福量販店，雖頗具規模，但和這兩個相比，簡直小巫見大巫。數千個停車位中間，建一座約三十尺高的大屋，長和寬都無法估計，裡面沒有隔間，只有無數大柱撐住屋頂。十時開門，客人已排了兩條長龍，各自推著購物車，有秩序地進入大門。

屋內一望無際，無數高架堆放著各類物品，成爲一條條小巷道。衣、飾、藥品、鐘錶、糖果、書刊、電器、傢俱、冰箱、電視機、化粧品……。人們所需的東西，除了青菜、水果、油、鹽、柴、米可說應有盡有。購物人推著購物車，穿梭其間，看到自己所需而價格又合理的，就丟進購物車上。時値十一月下旬，距聖誕節只有一個月了，聖誕裝飾和禮品賣場特別大，人們或多或少都買一點，所以人潮特別擁擠。據說這市場是屬於批發市場，但也不拒零售，價格比百貨公司便宜。因此，拉走了很多百貨公司的顧客。

這市場和紐約相距不到一小時車程，有些紐約近郊甚而市區內的人們，都到這裡購買物品。原因紐約商店是一間一間分門別類的專賣商店，而且很難找到地方停車，大城市的東西價錢較貴，是不容否定，還有紐約貨物稅百分之十，本州的稅只有百分之六。種種原因，使很多紐約客，捨近而就遠。

在市場內遊走時，看到賣熟食的地方，除各種滷品外，有一櫃台在賣螃蟹，蟹身很小，而八腳和兩螯，每條有尺餘長，挑選了六條，重三斤多，價錢只有十多元，蒸熟後去殼而食，肉嫩味美，使人回味無窮。

自由女神

自由女神雕像，是紀念解放黑奴的標誌，紐約觀光的重要景點，更是啓發人類追求自由民主的精神象徵。二十三日是星期天，我父子驅車前往參觀，途徑美國東部自佛羅里達州，邁阿密至加拿大的南北幹道。在空中交通未開發前，曾發揮極大運輸功能。現在雖因航空運輸快捷和高速公路暢通，其運輸功能，仍頻繁重要。

從南北幹道轉入高速公路，交流道有收費站，抽取一張地點紀錄卡，根據此卡出最短程的交流道，收費二角五分，以後按交流道遠近計程收費。美國各州有自治法律，這種收費，據說只紐澤西州才有，證諸以後行經紐約，賓州、德拉瓦州、馬利蘭州、維吉尼亞州、華盛頓等州的高速公路，除海底隧道，大橋樑收費以外，都沒有收費。

自由女神像，矗立於哈克遜河中小島上，雖說屬紐約市，其實距紐澤西州較近。有輪渡

（紐約也有）前往，船票七元，老人小孩六元，航程十五分鐘。中途經過「愛麗絲」島，要停留十分鐘。該島最先是海岸戰略防禦基地，一八九〇年改為外來移民防疫檢查站。當時防疫須隔離數天，才能明瞭疫情。因此，島上做了很多四層紅磚房屋供移民暫住。後因科學昌明，處理疫情，不需如此費時，乃於一九五四年底停止使用，總計經此島檢疫的移民進入美國，超過一千兩百多萬人，現在改為博物館。島上花樹映影，設計精美，館內典藏豐富，若要仔細參觀遊覽，需花兩三個小時。

美國第十六任總統林肯，於一八五一年下令解放黑奴，南方諸州反對而引起南北戰爭。戰爭結束後，建立了一個自由民主的政府。當時法國在歐洲已是崇尚自由民主的國家，基於政治理念相同，為祝賀美國實行自由民主，雕刻「自由女神」像，致送為禮物。

自由女神像，並非如傳統雕像，由石塊或純銅、不銹鋼打造。因此種做法和計劃中的女神像會太重，以當時的運輸工具，實無法運送到美國，而且費用更難以負荷。為了運輸方便，減少費用，法國人以木頭雕塑出模型，塡以石膏，裹以銅片，鑄成身高三三·八六公尺，右手臂長一二·八公尺、全高四六·五公尺的女神像，總用去銅一〇〇噸，鐵一二五噸，總重二二五噸，雕塑成中空的女神像，內部階梯未計在內，費用由法國支付。至於運輸、基坐、安裝，由美國負責。

為昭示世人自由之可貴，特別選定海運頻繁的紐約港一個無名小島上安裝，定名為「自由島」。女神像的基坐高二九·八公尺，寬二七公尺，全部用花崗石築成。由基坐到火炬總高爲九三・四四公尺。由岩台到皇冠內部，築有三五四級階梯，相當於二二層高樓。全部工程，非常艱巨，幾乎花掉近三十年時間，於一八八六年才舉行完工揭幕典禮。

自由女神，舉著放射光芒的火炬，不單照耀哈克遜河，導引航船的安全，而且照耀紐約每一個角落，影響全世界每一個地區，每一個人的心中，憧憬著自由，熱愛著自由，表達美國黑人獲得解放，享受自由快樂；鼓勵全世界被奴役人們追求自由的希望，激發全世界的國家被壓迫被奴役的殖民地人民，奮起爲爭自由、平等，前撲後繼，抱著不自由毋寧死的決心壯志，爲國家的自由、犧牲奮鬥。一紀以來，多少國家，多少民族，從奮鬥中得到獨立自由，從自由意義中獲得民主眞理。

紐約巡禮

從紐澤西州穿過哈克遜河支流隧道，就是紐約地區，不久見到商店招牌是中文字以及馬路邊行人道擺滿了攤位，這些是中國人特有形態，我知道到了紐約的唐人街。時既過午，乃設法停車吃午餐。然而車子轉來轉去，總找不到停車位，經過約一小時才停住車，找到一家中國同胞開的餐廳，地方小也很凌亂，出門在外，不能精挑細揀，能夠裹腹就好。

紐約分皇后、長島、布魯克林、曼哈頓四區，後者是紐約最繁華熱鬧的一區，操持紐約的商業、經濟、金融甚至是美國的命脈、樞鈕，也影響全世界每一個國家。爲了仰慕它的大名，飯後驅車想到百老滙、華爾街等著名的地方逛逛。但找不到地方停車，只好開著車漫遊了。

曼哈頓區是紐約，精華地方，高樓林立，街道清潔，因爲是星期天，大公司都關了門，街上也冷冷清清，看不到一點熱鬧景象。這樣在車上繞著圈子走了兩小時，看不到什麼，也沒有什麼事物可供腦袋和心中有深刻印象，只可說：曾到此一遊，浮光掠影，做了一次紐約的巡禮。

聯合國大廈

聯合國大廈，沒有計劃去參觀，事實也不知道假日仍然開放參觀。車子在曼哈頓做巡禮時，偶然看到矗立的聯合國大廈，恰巧附近又有停車位，乃下車想在大廈亭院中舒散在車上坐久了的身體，這時已近四時。發現大廈開放，可以購票入內參觀。門票七元、老人小孩略有優待，只收六元，五歲以下禁止入內。

聯合國是第二次世界大戰結束前，由美、中、英、法、蘇聯五國在美國舊金山，簽定「憲章」並爲永久常任理事國。另有十國非常任理事國，由大會選出，任期兩年。其時只有五十一個國家入會爲會員國。到了一九九五年增至一八五個國家，超過當時的三倍。每年大會所決議的事項，各會員國均須遵守。但五個常任理事國，有權加以否決。揣其意，是怕各小國聯合制裁大國，是大國反制小國的一種手段，可說是保持強權的一張王牌。

聯合國成立後，因爲沒有固定會所，曾在若干地方舉行會議。後由美國富豪，小約翰、洛克菲勒先生捐出一筆錢，買下十八英畝的現址，於一九四九年十月二十四日——聯合國日——大會在戶外舉行，並爲總部奠立基石。由美國華來士、哈里森爲首的一組建築設計，於一九五二年建成圓頂大會大廈、三十九層玻璃大理石秘書處和會議大厦主體。達格、哈馬舍爾德圖書館，由福特基金會捐款興建，於一九六一年落成，就是現在完整的聯合國大廈。

聯合國具有地域性，安全理事會是聯合國會員國，根據「憲章」有義務履行其決定的唯一機購，也是聯合國唯一常年開會的政府機構，在任何危機事件發生時，安理會成員必須每天二十四小時待命，舉行會議。

聯合國屬於「國際區」，美國同意享有特權，豁免權，有自己的警察、消防隊、紐約郵政支局，但這支局只接受聯合國的郵票。院區有廣濶的庭園，面對哈克遜河，輪船往來水光波影，風景很美，兩旁有旗竿，掛著各會員國的國旗，按英文字母順序懸掛，微風吹拂，萬旗飄揚，眞是好看。

聯合國主要機構，有大會、安全、托管、經濟社會等理事會，秘書處、國際法院。除法院設在荷蘭海牙外，其他都設在紐約。秘書處掌管全部行政、庶務，有一四、〇〇〇人，在聯合國總部和派出海外工作。有：中、英、日、法、俄、西班牙六種正式語言和文字。所需經費，由全體會員攤派。然而，小國貧窮交不出會費，大國你虞我詐，積欠會費。以致聯合國常常鬧窮，債台高築。

六個單位中，托管理事會，成立之初，負責托管十一個領土，由美國代爲管理，到一九九四年十月，都已實現自治。托管理事會，已停止運作，形同虛設。而經濟社會理事會的系統和活動，則日益加大，幾佔聯合國整體工作的百份之八十。

參觀大厦，除一、二月周末不開放，九、十月大會辯論期間，參觀可能有限制以外，每天從上午九點十五分至下午四時四十五分，每隔二十分鐘，有約十五人一組參觀遊客，由導遊小姐陪同參觀講解，除非自成一組請求用六種語言之一的導遊，否則以英文爲主，參觀時間大約一小時。所參觀的東西很多，畧舉：蘇聯捐贈的「人造地球衛星模型」、美國捐贈的「月球石」、荷蘭捐贈的「傅科擺鍾」、希臘捐贈的「海神雕像」，墨西哥捐贈的「手足之情」、泰國捐贈的「金舟」（該舟十尺長用兩噸黃金鑄造而成，是古代泰國的金舟十分之一長），日本捐贈的「劫後」（廣島原子彈炸後的瓷瓦器皿溶化情形、和一個銅雕像正面仆倒泥地上未受幅射，而背部則班剝受損）。贈品很多，難以一一記述。所列舉的贈品，前面的是科學和藝術，而「金舟」是藝術品，也是奢侈品，試想國王用二十噸黃金打造一條船，要花掉人民多少血汗和民脂民膏。而「劫後」看到原子彈的威力，如今氫彈更勝於原子彈多少倍，一旦發生戰爭，造成人類浩劫，實難以想像。世界科學昌明，固是人類之福。但「水能載舟，亦能覆舟」，衷心期盼聯合國各會員國，能和衷共濟，消弭戰爭，造福人群。

聯合國會議廳很多，最大的是大會場，可以坐數千人，常任理事會、經濟合作等會，都有自己的會場。每個會場除會議廳以外，還有二樓供旁聽和記者席。

每個會場的天花板，該是完整的，但都沒有完全做好。初時覺得奇怪，後得導遊解說，才知道是故意不完成，表示整個世界的工程，尚未完成，提醒與會代表，仍須努力。

聯合國的憲章主旨，是世界和平繁榮民主自由，和我國的「禮運大同」及國父孫中山先生的「大同世界」，不謀而合。可知我國先聖先賢智慧之高、目光遠大，實足以傲視寰宇，爲世人做了先驅，受後人崇敬。炎黃裔胄，驕傲之餘，更應該踏著先人的腳跡前進。

百貨公司

一間百貨公司的免費停車場，有六千多個停車位，我是第一次見到，驚訝美國企業家的大手筆。台灣各城市的公立停車場固望塵莫及，中正機場收費車位，更是小巫見大巫。美國企業家爲方便顧客，投注如此鉅大成本，實令人敬佩。美國地方大，人們沒有自己的汽車代步，很難外出，有車沒有地方停車，也不方便。所以大商店、大市場、電影院、遊樂場等等很多單獨設在郊野，容易取得停車場的土地。

這間百貨公司是綜合式賣場，T字側寫型的兩層建築，總長約五·六百尺，寬約兩百尺，有數個出入口連接上二樓的自動電梯。樓下整個T字建物內，均未隔間，是衣服、傢俱、皮箱之類需要較寬敞的賣場。而二樓兩側是店舖，成爲寬約五十尺一條市街，上面除每隔約二十尺有一天井外，全部是密封建築。而天井是二十尺八角形，上端以尖形玻璃纖維遮蓋，採光良好，風雨不侵。天井與天井之間擺設座椅，供顧客休息。天井斜角處有三乘六尺的亭子攤位。

整棟房子，地下擺賣大件東西，二樓的長街，每個店裡出售的東西，從珍貴的金銀珠寶、鑽飾、小如針綫和人們吃的麵攤、炸雞、麥當勞、咖啡、飲料、冰淇淋，可說應有盡有。只要你口袋內有金融卡、現金，逛上半天，保證你可以買到你要的東西，滿載而歸，而且享受冷暖空調，不會曬太陽、風吹雨打，挨飢受餓。

在不冷不熱，不曬太陽，絢燦燈光中購買物品，你會感到心情愉快。然而你所買到的東西，可能價格不低。據說：逢到半價，優待大賣時，老闆仍不會虧本，由此可以了解價格的昂貴了。因此，不太富裕的人們，會尋找優待大賣時間，如開幕年慶，季節交替，聖誕節後，先一天去察看貨品，自己所想買的東西、價格，當天早上搶先去排隊，希望能買到自己先看好的東西。

店租雖然有長期合約，而一年之中，有分旺季與淡季，租金就有多少之分，全年最貴是十二月份，有聖誕節日，是人們購買的狂潮旺季，即以天井轉角處的小亭攤位月租就需一萬五千元，折合台幣約五十萬元，平均每日約一萬六千多元，聽起來令人咋舌，眞不知他們的生意如何做？利潤多少？當然，地方大、貨物全、稅金少、車位多，是吸引人潮的重點。

大西洋賭城

拉斯維加和大西洋城，是美國較爲聞名於世的兩大賭城。前者把沙漠變成綠洲，人煙荒涼不毛之地，變成繁華城市，爲當地政府帶來豐厚的稅收，增加財富。而大西洋城，原是紐澤西州濱臨大西洋上的一個荒涼小島，因沙灘平坦，海水湛藍，夏天爲人們遊泳的地方，後改爲賭城，人口繁華，一日千里，稅收財富，更爲該州增加不少。「賭」本來是爲害地方人們，卻帶來繁榮富庶，執政者應如何權衡輕重得失？

到大西洋城，有一條直達的高速公路，車程一小時又半，有三次投現的收費站。站上設一個喇叭型上大下小的塑膠籃，駕車人投入二角五分幣一個，即可上路，看不到管理人員，也不會給你收據，大概是用電腦控制。將近賭城的路特別大，中間的安全島比一般路加大了很多，改爲停車場。當時我誤認是賭客的停車場，但舉目觀望，四周沒有房舍，確定不是遊客停車場，後來才明白；每個賭場自設的停車場，只供客人使用，職員的車停在此處，有交通車依時接送。

賭城在小島上，以橋爲界，進入就是賭區，雖只一橋之隔，這邊絕對禁止賭博。而島上建有很多兩棟只隔馬路而有天橋相連的大樓，是同一老闆的產物，一個大樓是賭場，另一大樓是爲賭客而設的停車場。每個大樓佔地很大，建在井字型的中間方塊上，四周就是馬路，兩棟相聯佔了兩個井字的方塊。每棟大樓大多不超十層。遊客的汽車進入停車大樓，不論時間久暫，只繳兩元，有電梯上下。二樓有專設進入賭場大廈的天橋，過橋就是賭場。

我像紅樓夢中的劉姥姥，對賭場情形，驚嘆不已。場地寬約二、三百尺，而長呢？若非前面窗戶射進陽光，幾乎無法知道長的止境。一排排、一列列的「吃角子老虎」機，叮噹叮噹在響，此起彼落，永無停止，好像有無數琴鍵在跳躍。至於數量有多少？以萬頭晃動來形容，也許比較哈當，我實在無法估計。因爲我看到的是大堂部份，尙有貴賓廳，會員廳，普通遊客是不得其門而入。即以大堂而論，除「吃角子老虎」機、還有「輪盤」、「囉宋」、「擲骰子」、「二十一點」等，會員、貴賓廳還有「梭哈」。有數台「二十一點」懸掛著一個牌子，寫著「華人區」。我想以今天的經濟情形，不致像以往一樣有「看不起」的意思，而是了解中國人比較喜歡這種博奕，且解決語言問題。

整個大廳裝飾得美奐美侖，燈光明暗適中，天花板上吊著很多圓型似美術燈的監視器。其實各種賭具「吃角子老虎」、「輪盤」，是電動的，其他都是賭場的工作人員在操盤，洗牌、發牌，賭客應無作弊可能。

「吃角子老虎」機，台北街頭甚而整個台灣城市鄉村都有，簡稱：「電玩」，是供人們「玩」的，「賭」的，難以分別。我很土從未試過，不知如何玩法？這裡有一元和二角五分打一次的兩種，供人選擇。孩子換了二十元二角五分的硬幣，父子倆各據一機，客串做了一次賭徒。每投一次按一次鈕鍵，即顯示各種映像，有很多種中獎的畫面，出顯頻率較多的只賠幾個角子，最少頻率的有中五萬元的機會，這就是使人沉迷的原因。每次中獎，不論多少，螢幕上會顯示所打中的圖形和獎金數字，蓄入你的電腦帳戶。你帳戶有了錢以後，你可以打贏輸三倍的，沒有只能打一個硬幣一次的了。當你不想玩了，按結束鍵會嘩啦啦將你所存積的兩角五分硬幣全數放出來，用塑膠盆盛著到兌換處換鈔幣。如果你要玩別的，現金不能用，必須到另外一處換塑膠籌碼，那是最小一元到千元，萬元的就沒有看到。我算是開了洋葷，到過美國賭城，親自打過電玩，觀光巡禮過了。

吃角子老虎機上坐著很多中老年男女，據說很多是退休人員，無所事事，開車來玩一天半日，消磨時間。事實這種玩樂，男女老少大多都適合玩，也喜歡玩，不用花費心思，下注大小，時間長短，任由自便。難怪台灣的「電玩」，幾經掃蕩取締，隨掃隨起。眞是「野火燒不盡，春風吹又生」。

人類與生俱來就有強烈的「賭」性，不論政治、軍事、經濟、金融、商業等等，每天時時刻刻在「賭」，只是有形與無形而已。具體說有贏輸就是「賭」，股票市場，政府能夠抽到稅，是合法的「明賭」，六合彩和麻將抽不到稅，是不合法的「暗賭」。所以「賭」是人的天性，要禁絕，恐怕得效法夏禹治洪的方法「疏導」才能奏功。

賭場三樓以上是旅舘部，地上層有咖啡、酒吧、餐廳和其他紀念品之類的賣場。出大門有一條平坦寬濶的大馬路，沿海濱都是高樓大厦，大概都是賭場，有馬車供遊客乘坐瀏覽。越過馬路，是海濱，是休閑漫步區，平坦的沙灘，湛藍的海水，碧空如洗，掛著太陽，照著椰林、大樓和霓虹燈的倒映，在海水中顯現瓊樓玉宇，海市蜃樓，微風吹拂，海波盪漾，心中有寧靜、舒暢和美好的感覺，可以舒發在賭場內頭腦昏沉迷糊的思維，警覺到人生有許多事等待著自己去執行，不能在此浪擲掉寶貴的時間。

冬天的太陽很快西斜，時間已是午後三時，還有四個多小時的車程到華盛頓去住宿，在賭城短暫的停留，是人生的過客，走馬看花，曾到此一遊，一次浪漫荒唐之旅。

華盛頓特區

大西洋賭城和華盛頓特區相距多遠，我沒有資料，無從臆測，但從高速公路行車時速一百多公里跨越賓州的費城、德拉瓦州、馬利蘭州、維吉尼亞州、華盛頓特區，以車程估計約有五百餘公里。汽車走了四小時半，到達特區地界，已萬家燈火。

從紐約到華盛頓的漫長公路，沿途穿越很多叢林、荒野，看不到崇山竣嶺和丘陵地帶，所見到的都是一叢叢的林木，車過後捲起的楓紅落葉。田園莊舍，大概都隱密在叢林背後，所以雖然是大平原，卻看不到阡陌縱橫，炊烟四起，雞犬相聞的鄉村美景。很多林邊立有：「注意野鹿」的告示，提醒開車人注意野鹿闖越馬路。美國人注意野生動物的安全，可爲吾人借鏡。

華盛頓特區，是美國政治、文化、經濟、軍事、社會的中心，想像中是很熱鬧的地方，然而，從維吉尼亞州穿過玻多瑪克河進入特區，感覺上好像是台灣的鄉村，找飯店住宿，花了不少時間，才住進一間不太起眼的旅社，雙人房九十元，折合台幣近參仟元。一天都在路上吃麥當勞之類的東西，只可以當點心，現在飢腸轆轆，急於尋找一家中國餐廳，祭飽五臟廟。

吃完飯已過九時，雖長途跋涉，感到疲累，而急于想了解美國首府情形，乃做了一次夜遊。車從稀稀落落的商店和樹叢中飛馳了四十多分鐘，進入特區中心－憲法大道，賓夕法尼亞大道，國會大廈、華盛頓紀念塔、林肯紀念館，做了一次夜間巡禮。因爲是周六晚間，又復夜涼如水，不單行人連車輛也稀少，這情形影響了遊興，乃返回旅舍。

第二天一覺醒來，已紅日滿窗，天氣晴朗，是觀賞好時光。吃過早餐，馳赴華盛頓。昨夜車繞特區，純粹是巡禮，而今天仍像昨夜繞了幾個圈子，花費了寶貴時間是找不到停車地方。後來在白宮附近横街停好車，到白宮附近閑逛。原想進入白宮參觀，但人潮如湧、隊伍排了很長，估計時間若參觀白宮，則其他地方，再無裕餘時間，顧此失彼，很難兩全，只好作罷。

白宮的房子不高，大約只有二層，建在玻多瑪克河畔，四周空地花園很大，總統每常講話都在草地上。房屋構造一點也不起眼，和「白金漢宮」、「凡爾賽宮」、「克里姆林宮」等實在無法相比，更別説是中國的故宮。而國會大廈的雄偉氣勢遠勝於白宮。但白宮是世界霸權的指揮中心，建築雖不堂皇雄偉，但名望比其他「宮」崇隆，很多小國，更仰其鼻息。

特區政府的辦公大樓，分別建在「憲法大道」、「賓夕法尼亞大道」和國會前面廣場右側，至林肯紀念堂間，整齊劃一，不雜民房商店。所有建物，都佔地很廣，高只有十層左右。很多是用蔴石建成，雕刻精緻花紋，屬於古物保護級。

國會大廈前有寬約兩百尺的空地，和兩條馬路直到林肯紀念堂，長達六．四公里，中間只有華盛頓紀念塔。這麼長的空地有很多樹木，各種雕刻，如南北戰爭、兩次世界大戰、韓、越戰等的紀念雕像，供遊客休甜觀賞之用。華盛頓紀念塔、矗立於國會和林肯紀念堂中間。華盛頓、林肯、國會，一個是美國的國父，一個是解放黑奴，樹立民主自由榜樣的總統，一個是現在主持民主、自由、正義的立法者。所以它們都在這區域，意義更為宏大。遺憾的是這三個地方都無緣進去參觀，尤其是華盛頓紀念塔正在整修，未能登上觀景樓遠眺近觀特區全部風貌，塔裡有很多石雕，其中部份是來自中國大陸。中華的文化被美國寵愛，值得驕傲。

國會大廈廣場左側，有很多博物館，我參觀了航太博物館。裡面典藏豐富，從滑翔機到第一架飛機，以至阿波羅太空船，都擺在裡面，佐以圖片說明，眞是精采而有意義。參觀人潮非常多，今日又是星期日。華府的博物館都不收門票，任人參觀，旨在鼓勵人們學子踴躍參觀，提高學習興趣，增長智識和向心力，這種做法值得大家學習。

萬里親情

吳維雄、維光兄弟，是我的堂弟，去美國讀書以後，就成爲美國的公民。維雄曾返台與黃蘭心小姐婚後，沒有再回過台灣，如今女兒恩慈已讀大二，兒子恩霖今年高中畢業。而維光與鍾惠燕小姐結婚後，曾返回台灣一次，長子培恩十三歲，次子懷恩九歲，女詠恩十一歲。

我沒有和他們見面，維雄已二十年，維光也有十四年了。昌兒和兩位堂叔雖同住美國東部，但相隔數百公里，除了電話連絡，也沒有見過面。他們兄弟現任職政府機關，居住在與華府一河之隔的維吉尼亞州麥克林鎮。我這次父子遊覽華盛頓，時間已很短促，深感難以盡興。而雲天萬里會晤久未見面的親人，勝過任何遊賞，乃相約共進午餐。

由華盛頓特區過玻多瑪克河，就屬維吉尼亞州麥克林鎮地區。十多天來遊遍美東紐約至華盛頓特區，不單未經過丘陵地方，連看都沒有看過。這次麥克林鎮之行，過了河就是丘陵地帶，汽車上崗下坡花了不少時間，才找到維光弟的住所。四面青山環繞，清靜幽美，適合家居，房舍寬敞清潔，舒適，稍坐即赴與維雄弟家人，相聚在一家中國餐廳午飯。

我父子和他們兩家一共十一個人，坐滿一張大圓桌。兩位弟弟家庭美滿，生活安定，姪兒女們長得英挺俊秀，聽說學業也很優秀，我心中非常高興安慰。談著、吃著、喝著，彼此都有久別重逢，歡欣喜慰的心懷。談著往事，好像就在眼前，難得他兄弟仍懷念著台灣，懷念著親人，也懷念著大陸親人。當他們知道故鄉的大娘和一位兄長，生活艱苦，即各予金錢要我轉交濟助，表達關懷之意。維雄弟更表示，「以前因孩子小在讀書，不能離開，現在女兒已讀大學，住在學校，無須照顧，兒子現在高中畢業，已申請入大學就讀，明年二月可以知道能否獲准，如果能夠如願，五月就要入學，住進學校，我夫妻就可以放心離家到台灣探親，到大陸故鄉祭祖掃墓」。

他們兄弟不忘故舊，對故鄉親人，表現至情至性的熱愛和關懷，已使我高興萬分，現在又聽維雄弟如此說，我高興到隨即表示，願陪他返故鄉探親，做識途老馬。

維雄、維光兄弟雖同住一個鎮，車程也只十五分鐘，但路程少說也有二十公里。飯後我們全體到維雄家，環境和一切，大致與維光弟相似。他兄弟篤信耶穌基督，擺設了聖像，堆滿了書刊，我們照了像，作爲這次的紀念。

歡欣喜悅的時間很快過去，山間更容易感受到日映西斜，我還想到特區看看。維雄弟堅決要陪我到華盛頓參觀，弟婦黃蘭心堅邀回來吃晚飯，而且已經在準備中。我因明天要回台灣，不便久留，婉辭盛情。

我們兩部車停在附近捷運站，轉乘火車，這裡停車方便，火車直達國會廣場車站，方便快捷，沒有停車的困擾。我們參觀航空博物館，就是維雄弟導引參觀。

五時許，天空已呈現烏暗，我們揮手向華盛頓告別，雖然走馬看花，而能昨天夜遊，今天巡禮，人生多一次遊記，已經充實觀感，更因爲遊特區和兩位弟弟及家人見面，眞不虛此行。

八時許車到賓州費城，在高架公路上，遠眺高樓林立，燈火輝煌，海港燈光明滅，倒影水中，似有似無的幻影，又是一種美的感受。下了交流道，兒子輕車熟路，開進停車場，近處一家廣東海鮮店晚餐。也許費城是濱海城市，海鮮價格似乎很便宜。一隻龍蝦、紅燒鰻魚，生炒田腿、哈喇湯、兩碗白飯，才四十三元，折合台幣一仟四百元。

美國地方廣大，高速公路既寬且直，很多可以看到幾里遠。夜晚來車的燈光是銀白色，向前的車後燈是紅色，往來燈陣很長很長，像銀、紅兩條龍在競跑，尤其碰到有彎曲或有斜坡的地方，更現顯出互映活躍的美景，夜間行車在高速路上，是一種美的奇景，使人減少旅途寂寞。

倦鳥歸巢

美國現在是十一月三十日台灣已是十二月一日。來到美國，天天遊逛，爲觀光華盛頓，且長途跋涉，坐車顛簸，身心已感疲倦，又兼時時懷念著在台灣病榻上的「妻」，歸心似箭，倦鳥也該歸林了。

回程飛機航程近二十小時，兒子一再建議陪我到美國西部洛杉機、舊金山兩地一遊，觀光中國人最熟稔的兩個名城，將航程錯開，可以減少旅途疲勞，我婉拒了！一則怕兒子耽誤工作，多花金錢，再則我動了回家之心，不想再多所耽延。

飛機預定晚上十一時半起飛，兒子送我到機場。來回都在夜晚，看不到什麼景緻，除過境酒店是十層大樓，再也看不到雄偉的建物。飛機準時起飛，到達西雅圖是凌晨三點多，仍是下機在過境室停留一小時。來時有入境旅客，返航卻有很多到台灣的旅客。當飛機越過東西分界線，已近日本北方。十二月二日上午到達桃園中正機場。

整個航程沒有沉睡，心事如潮，爲離開兒媳和小孫女而惆悵依依！和小孫女建立的一點融和感情，又告中斷，從此一別，不知何年何日，再能相聚？相隔那麼遠，我老了，能否再有機緣，實在不敢多想。惟願他們平安健康，幸福永恒，並能深切了解我寫的條幅「萬里雲山懷故國，天涯明月繫親情」，而能有此心懷，就不枉我的苦心。

原本打算回到家，放下行裝，即刻去醫院探望我妻，想不到抵達家門，卻感到非常疲倦，不知是否時差關係，竟昏昏欲睡，臉沒有洗，倒在床上睡著了，一覺醒來，紅日已西斜，午後四時了。

此次探親之旅，不論在家、在旅遊、吃得好，玩得快樂，享受著家庭的溫暖，繞膝的快樂。其實這只是表徵，而內心深處卻有難言的「感懷」。因爲我妻還躺在醫院，我卻捨棄她獨自遠遊，心中常有對不起她的感覺；尤其每當漫步社區，遊覽勝景、美食當前，在家中看到舒適寬敞的房子，享受一家團聚，含飴弄孫之樂時。她的影子總和我的思緒連結在一起，每當有美食，懷念也伴著下咽；午夜常夢著她向我訴說孤獨無助，驀然驚醒，恨不得飛身回到台灣陪伴她，撫慰她！這些情形每天伴隨我漫遊觀賞，伴隨我度過晨昏，但我深深藏在心裡，不敢顯露出來，以免影響兒媳的情緒。然而，當返台晚宴中媳婦問我：「爸，這次玩得愉快嗎？」我衝口說：「我是天天在熬過來的。」兒子說：「爲什麼呢？」我說：「這次遊得快樂、吃得好，如果你媽能來美國，結伴同遊，共享一家團圓之樂，那該多好。」說著說著，我潸然淚下。

此行，了卻兒媳堅邀一遊的心願，不管我內心有多少感懷，確確實實享受到家人團聚的溫馨，孫女天眞無邪繞膝的快樂，以及遊賞了紐約、大西洋城、華盛頓和堂弟久別相逢，參觀了各種市場，這一切的一切，此生本來沒有機會完成的心願而完成了，人生旅遊上增加一頁紀實。雖然想觀賞的景點太多，想知道的事也多；而兩週時間，實無法細心觀賞，探查底蘊，走馬看花，浮光掠影，只做了一次美東巡禮，不無有遺珠之憾！至於美國地大物博，交通暢順，秩序良好和民主自由眞實表現，使我開展了視野，增長了智識，豁達了心胸，深深感到自己以前對「世界觀」，是管窺天下，坐井觀天。

一九九九年載於世界論壇報副刊

返鄉散記

一九九九年四月十日－清明節後五日，我啓程返回廣東省五華縣故鄉掃墓，往返時間十三天。曾在香港、深圳過境，稍作停留。現將此行大略記述，以資紀念。

探訪堂兄晉祥

當飛機到達香港大嶼山赤鱲角國際機場，即匆匆出關，未稍停留。因懸念堂兄晉祥住在醫院情形。承侄媳李俊卿的胞妹俊紅女士與其夫婿邱福義先生前來接機，陪送至旺角午餐後，再由李女士陪至界限街堂兄家中，得知堂兄仍在醫院療養，即前往探望。

堂兄壽年，雖已超過九十高齡，平素能吃能睡，對健康善加珍重，精神體力非常良好。去年台北市五華同鄉會致敬團，所攝照片，印於年刊中，紅光滿面，神采奕奕，健康良好，深得台灣同鄉，讚譽祝福。

老人怕跌，自古皆然，去年臘月，秉長者愛護後輩之熱誠，親往深圳參加侄孫娶媳典禮，偶感頭暈，跌破頭皮，縫了八針，叨天庇佑，安然無恙。得知此情，心殊掛念，但也認爲這一跌，雖屬不幸，只是皮肉之傷，代替了老人的劫運。今後當無災無難，平平安安，健健康康，直到百年。

今年元宵後，偶感風寒，在養和醫院治療，經一週調理，痊癒回家。爲整理儀容，前往理髮，再次感冒，引致肺炎，住進法國醫院，纏綿病榻，竟達一個多月，精神體力，耗損頗大；據嫂夫人說：「體重曾一度減輕三十磅，幸蒙上蒼庇佑，醫師妙手回春，病情逐漸穩定，現已轉危爲安。」然而，當我趨赴醫院，在病榻前看到昔日健康身軀，豐腴面頰；現在憔悴消瘦，失去往日丰采，心中難過，淚盈於眶。而兄心胸豁達，反加勸慰，垂詢此行，是否返鄉掃墓？閑聊故鄉一些事務，即要我回家休息。

在香港停留兩晚，即赴深圳，迨二十一日返抵香港，我兄雖仍在醫院，而病情已大瘳，且決定明天出院，回家休養，勸我無需再留，即速遄返台灣，照顧在醫院的我妻。

熱情慷慨的烱聲族侄

烱聲族姪，爲人敦厚，事業有成，待人熱情，處事細緻，凡與他接觸過的人，無不讚譽備至。我和同鄉名作家周伯乃先生曾多次爲文報導。去年旅台同鄉會，先後兩批鄉親訪問深圳、五華，雖大多是第一次見面，仍似親人老友，熱誠接待，放下繁忙工作，全程陪伴服務。這種熱情慷慨，獲得一致讚譽。

炯聲侄現負責的業務，由原來小汽車公司，竟成數十家各類企業，成爲「西湖企業發展公司」總主體。事業雖尚未到巔峯，而每天工作量之多，事務繁雜，恐非一般人所能勝任。他精力充沛，天生聰慧，精明幹練，工作負責、事必躬親。每天各企業負責人前來報告業務概況，洽談事務，每一問題，他的頭腦像電腦蓄積了資料，能夠和來客、談論工程進展、環境情形、金錢收支，甚而細微瑣事，都能款款而談，瞭若指掌，清清楚楚，有條不紊。他的才能，實是商場上的一顆彗星。

炯聲侄的座車，可以通行深圳、香港兩地，迎來送往通關只送證件檢查，客人無須下車。這對殘年老朽的我，減少羅湖、深圳關卡排隊受檢，搬運行李之苦，實一大幸事。當他知道我到達香港、且知此行返鄉掃墓，十二日即派車前來迎接，俾能在十四日和他共同返鄉。

到達深圳時，他在百忙中到酒店和我相見，略談片刻，即與其兄金聲夫妻，族侄漢模，遠從英國倫敦返國的宗先生國強，以及其他二三位親友晚餐。而他另有兩席客人，需要應酬，只能略坐。他原約定十四日返鄉，因日本方面的客人未到，要我姪孫偉深陪同先行返鄉，他延後一日。然而第二天他坐了六小時火車，到達五華老城他投資的「西湖溫泉大酒店」，陪伴日本客人參觀了他所投資的各種工廠，晚間宴請日本客人、地方政府首長、公司職員後，急匆匆搭乘當日深夜十二時的火車返回深圳。

我於十九日返抵深圳，知道他工作繁忙，不便多留，決定翌日，返回香港。炯聲侄已交代司機廖君，明天早上送我到香港，並送了很多禮品，說了道別和祝福的話。萬萬沒有想到因自己年老疏忽，返台灣的飛機票，竟遺留在故鄉，只好請親人送來，以致不能成行。

烱聲侄當晚原需陪一位客人晚餐，因我之故，請一位經理代勞，邀我到他家吃飯，這是我所希望的。往返兩次沒有和他安靜地談過十分鐘的話，在他家中晚餐，不受人事干擾，可以暢談一切；家事、鄉事、國事、天下事，事事在沒有隔閡中談論，兩岸親情，融和在歡笑快樂中。

仙湖植物園

深圳特區，從大陸改革開發，短短二十年間，各種建設，突飛猛進，舉目所見，盡是建設成果：高樓林立，寬敞馬路，行人熙攘、熱鬧繁榮，既成爲南中國之「珠」。所有建設規劃，格局之大，設計精美，獲得世人肯定。觀光景點如：錦綉中華、民俗村、世界之窗，虎山動物園、均獲遊客讚譽，我有幸曾親遊目覩。而仙湖植物園的風景幽美、傳遍人間，令人嚮往。

仙湖植物園，位於深圳市蓮塘區，叢山環抱的谷地，闢建爲公園。山不高僅數百公尺。從進入大門，沿著環園公路，即感受到青山蒼翠，風景幽美，四山環繞中，有大片丘陵、平原、湖泊、橋亭、寺廟、既點綴園林之美，復栽種各類果樹園、竹園、梅花、櫻花、熱帶林區、植物園區、藥用植物、石化森林；更闢野營區、烤肉場，天上人間等供青少年學子休閒活動遊賞景點。

園內有中型巴士到弘法寺。遊覽巴士、私人小汽車，繞山而行，可到每一景點。遊客大多遊賞弘法寺後，下山走小徑，穿林拂枝、漫步觀賞，鼻聞花香，耳聽鳥語；坐在湖邊綠草地上，仰觀白雲悠悠，青山蒼翠，俯視湖水澄碧，幾艘小艇，儎著情人盪漾其中，似天然圖畫。

徜徉無邊風景，享受清新空氣，青山綠水、洗滌塵囂煩慮，是爲名忙，爲利忙的人們最好的休閒樂土。

掃墓

人生在世，有很多事情要做。但父母的生育之恩，似天高地厚，永遠也報答不完。父母健在時要好好孝順，怡養天年、含笑離開人世時，要謹愼葬禮，這就是「愼終」；繼之掃墓，就是「追遠」。如果每一個人都能做好「愼終」和「追遠」，則民德歸厚矣。所以淸明定爲「掃墓節」。身爲子孫者，自身不單不能忘記，更必須傳承給後人，知道懷念祖先，每逢淸明節要大小親臨，祭祖掃墓。使此一善良風俗，永遠傳承不墜。

離開家鄉，流徙到台灣，已經數十年，海峽阻隔，未能躬親侍奉父母養老送終，祭祖掃墓。「愼終」「追遠」，兩皆缺失，緬懷親恩，每遙望白雲親舍而悵然！迨開放探親，十多年來，我多次返鄉，祭祖掃墓，聊贖前衍。這次返鄉掃墓，高曾祖、妣以上和曾祖妣、祖父母的墳塋，已由在家鄉親人，侄輩、孫輩祭拜過了，只有我父母的，尚未祭拜。鄉俗已祭拜過的墳墓，不能再用祭品祭拜，只能燒香紙點燭、燃放爆竹。我遵從古訓，躬親致敬。

父母的墓地在村中，率侄、孫輩前往祭掃。以往我胞兄健在，曾祖以下男女老幼，均聚集午餐，現因侄輩多外出工作，烹煮麻煩，曾祖下數十家，各致送一個紅包，表示意思。但仍在姪兒家準備鷄、鴨、牛、魚、豬肉丸等豐盛酒菜，凡來相見的人均請吃午餐，老者座席、少小或座或立，無羈無束，大家都說；自由自在很好。

曾祖父的墓地，在十里外嶂下一座高山上，祭掃父母墳當日無法前往、改日單獨前往致敬。雖然下了大雨，山路嶇崎，泥濘路滑，老人行走，非常艱難，也勉力登山、爲的使大家知道，我雖年老，仍重視：祖宗雖遠，祭掃不能或缺，「追遠」的重要。

魏彥才先生

魏彥才先生，是我的同鄉，六十多年相交的老朋友，學問淵博，當代老作家。畢業於黃埔軍官學校，曾參加抗日戰爭，解甲後從事教育工作，孜孜誨人，桃李滿天下。也曾受過人所共知的折磨，大半生處在坎坷之中。但他堅定意志，保持文人風骨，人格和操守，不掘不撓，不阿諛逢迎，不灰心喪志，樂觀奮勵。常執筆寫詩、散文等，均在大陸、台灣兩地報紙雜誌陸續發表後，印成「春暉園詩文選」三輯；而另部「閒情記舊」，是類似筆記體隨意拈手之作，以簡潔的語言和凜然正氣，記錄親見、親聞、親歷的一些人情世態，政壇趣事，文苑逸聞，民間掌故，歷史風雲等，具有思想性、智識性、趣味性；更是歷史的濃縮，典籍的箚記，啓人心智的傑作。對古今中外名人軼事，有旁徵博引的史乘價值，是多方面的好書，由台灣文史哲出版社發行，深受讀者喜愛。

自兩岸開放通郵以後，書信來往，構成我倆情感的聯繫，探討文學寫作的橋樑。十年來我多次返鄉，必定邀請他到我胞兄家中，或五華老城「西湖溫泉大酒店」，作三日兩夜盤桓，促膝談心。對做人做事，文學寫作，承多予教導鼓勵，獲益不淺，常有聞君一席話、勝讀十年書的感覺。我晚年在寫作方面有毫末之進，教導鼓勵之功匪淺。

然而他在青壯時期，身心健康，飽受摧殘，現在高壽八十有四，老人與病魔結了緣，已成鐵律，近年常受疾病之苦，行動已深受影響。此次返鄉，乃親自偕侄攜孫，大小十數人，專誠趨府拜訪，使侄兒們知道尊敬長輩，是要有敬誠之心。然後要他們到橫陂街上遊逛，俾我倆單獨相聚，靜靜談心。而流光飛逝，轉眼已過兩個小時，他已疲態畢露，精神萎頓，座立艱難，原擬邀請外出午餐，都未能如願，內心深感悵然！但他仍能豁達樂觀，說話清楚、中氣充足，寫作意願堅強，除交來近作「閒情記舊」一百二十多則，表示仍會繼續執筆，希望完成千則初願。其豁達樂觀、意志堅定，熱衷寫作如此，我深受感動。祝福他健康高壽，精神矍鑠。

劍英紀念館

葉劍英元帥紀念館，在梅縣雁洋，兩層洋房型，原是他生前的故居，逝世後改爲紀念館。隔鄰即其祖屋「猛虎下山形」。相傳凡是「虎」形，不論陰陽風水，都必有大貴之人。將軍地位崇隆，是否因有好風水所致？地靈人傑？人傑地靈？是耶！非耶！

紀念館建物不大，而門前卻有寬廣的空地，可供停車之用。有魚池、花園、葉元帥逝世後的紀念銅像。館內展出的地方，除書法部份開放給遊客參觀外，其餘生平事跡、暫時關閉，無從細述。至於書法，多是名家手筆，因有部份簡體字，似乎不太合宜。蓋中國書法有其藝術精髓，而簡體字則缺少意境。

葉元帥是中華人民共和國的開國元勳，粵東客族人，在共產黨建國過程，有其輝煌的功勞，是全國十大元帥之一，地位崇隆，深受大家敬愛。爲人隨和豁達，仁慈寬厚，不重名位；據傳毛澤東逝世後，曾被中共大老們推爲主席。其時文革爲害社會至深，主其事者，必有多人應負刑罰。因其宅心仁厚，不願親自執行而放棄。一生受中共黨政高層同寅敬仰。各階層鬥爭不斷，排擠不息，而他能矻立不搖，未受波及。其子選平，曾任廣東省主席，現爲全國政協副主席。

陰那山靈光寺

一九四一年，我軍次梅縣松口，得知雁洋陰那山樹木蓊鬱，風景清幽，靈光寺香火鼎盛，且有神奇靈異傳說，兩地相距不遠，曾擬結伴往遊。祗因交通不便，山路崎嶇，上下均需徒步攀登，未能成行。此次參觀：「劍英紀念館」到達雁洋，相距已近，且山路已闢建完成，汽車可直達半山，一行十人乃順道觀賞。

靈光寺在陰那山主峯之間，左右兩條山脈，綿亙十數里，像兩手合抱，成爲天然大峽谷。進入谷口，即令人感到神清氣爽：粵東各地、久旱不雨，無法播種，而谷中禾秧已綠，迎風搖曳，遠眺靈光寺，在雲霧飄渺間、青山隱隱，樹木蒼翠，小溪中流，稻田縱橫，炊烟四起，廬舍整潔，鷄犬相聞，一片寧靜富庶農村景色，呈顯眼前。

汽車沿小溪而行，路是三合土所建，平坦暢通。沿溪有幾個自上而下高低大小不一的小型水庫；水源是陰那山山脈雨水、泉山所積，依高低灌溉谷中的梯田和平疇農田。汽車進入蜿蜒曲折的山路，經四十分鐘到達馬路盡頭，到靈光寺，只能徒步而行。停車處有不少大小汽車，由此可知遊客不少，靈光寺香火鼎盛了。

停車附近，有幾間飲食店和賣香紙寶燭的商店，上山坐車或步行遊客，大多要禮佛，中午也必需用餐，故兩者的生意興隆。

靈光寺的步道，分階級和平面兩種，沿路有小橋流水，各種紀念性建物和賣紀念性的東西。當時尙非炎夏天氣，但烈日當空，步行上山，難免汗流夾背，所幸兩側樹高葉茂、濃蔭蔽日，引來涼風吹拂，使人感到身心舒暢。小孫唯立，依依身畔，狀至愉快！一行人徐徐漫步，談天說地，不覺山高路遠，很快到達靈光寺。

靈光寺建築至今已一千多年。傳說中的兩棵「生死樹」，分植於寺門兩側。右側是「生」樹，左是「死」樹。根據記載，該兩樹是靈光寺開山祖師「懺悔」和尙在未建寺以前親手所植，所以比靈光寺年代更遠。「生」樹高數丈，有兩人合抱粗大，枝繁葉茂，自是常理，不足爲奇。而「死」樹是「懺悔」和尙的師父交給他樹苗時，已是死的，種植以後，也未見復生，卻與「生」樹年年長高長大，皮脫無葉，望之旣是完全枯死之樹，奇就奇在年年仍長高長大，千多年來和「生」樹好像是兄弟樹。根部有遭人刀砍痕跡，據說人們迷信，可以作藥用治病。

「懺悔」和尙，江西省人，俗家姓潘，出生時兩拳緊握，至三歲仍未張開。時有一位老和尙到來，說與小孩有緣，摩沙兩拳，手指寫了「了拳」兩字在手背，手隨即伸開，即以「了拳」爲名，從小做了老和尙的俗家徒弟，長大後出家爲僧，賜名「懺悔」。稍後，老和尙賜給他兩棵小樹苗，叫他南行找到好地方，建立寺廟，將兩棵小樹苗，種在寺門兩側。

「懺悔」和尙，關山跋踄，來到陰那山之巔，感到風景秀麗，山有靈氣，乃在高處結廬，選定建寺地點，先種植兩棵小樹苗，然後再化緣建寺。在種小樹苗時，雖知其中一棵，已經枯死，而仍遵從老和尙之意栽種，朝朝暮暮，勤加灌漑，從未間斷，使此枯樹苗，千年仍長高長大。這大約就是佛家謁語：「生生死死，死死生生」的眞諦。

「生死樹」已經神奇，尙有「生死魚」傳說：有乞丐在寺門前煎魚，已經半面焦黑，「懺悔」和尙，向乞兒化緣放生，乞兒說：魚已焦黑，怎能再生？「懺悔」和尙說：「身雖焦黑，而心仍生。」乃將魚兒放入寺側深澗中說：「生死本無常，任你自擇，」魚兒便慢慢復生，躲入深澗岩潭之中，平時不出水面，每當月圓午夜，月亮照射澗中，魚兒才游出水面，與「懺悔」和尙見面。傳言歷歷，卻未有人親目見過，是耶！非耶！不信者斥爲妄言，信者說是：「佛法無邊」。

「懺悔」和尙，肉身坐化，千多年來供奉在寺中，因此遠近馳名，香火鼎盛。寺是宮殿式建築，惟年久失修、復遭文革時破壞、現多坍塌，呈衰敗情況。善心人士，已發起募款重修。但願，善男信女，熱心捐獻，使佛門聖地，早日恢復舊觀，俾佛光普照，澤被萬民。

下山途中，有電子照像和彩色繪字，只要花十元人民幣，爲你照一張像，附在鎖匙圈上做紀念；彩色繪字，任你選定四個字，用電子彩色繪成？看起來頗有藝術氣息。同遊中人，很多興趣很濃，花小錢留紀念。

香港國際機場

香港是中國的南大門，亞洲的心藏地帶，有東方之「珠」的美譽，五小時的航程，有全球半數人口的集中，地位優越，世界其他各國的國際機場，難以比擬。

機場建在九龍新界屯門對海大嶼山東涌北邊，時人稱「赤鱲角」。原是星散海島、礁層，聯結塡平成爲一望無際的大地，花費人力、財力、物力難以估計。這是英國統治時期，末代總督彭定康堅持要做的偉大建設。當時他在受到某些阻力時，曾引用蔣經國總統的嘉言：「今天不做，明天就會後悔。」以今情勢觀之，假定當時沒有做，現在恐怕眞的要後悔了。

這個機場，可說是亞洲最大的，以後的前途也是亮麗的。因爲它在大海中，要擴建不會受到地形、環境及其他因素所影響，只要塡海造陸。至於設備，可說最新、最完善的，甚而世界國家中也是數一數二。它的外部交通和內部設備，大略分述如下。

機場的交通設施　機場位於大嶼山赤鱲角，相距九龍半島，固然很遠、而香港本島，更爲遙遠。而機場每天進出的旅客數以萬計，交通疏運，必須要有妥善的計劃。因此，香港政府特別建築了一條由香港中環到機場的快速鐵路，輸運機場旅客。但因鐵路是固定運輸，對機場旅客，仍嫌不夠方便。且香港到機場，路途遙遠，由九龍尖沙咀巴士行程，需超過一小時，新界有些地方，需要更多時間，乃由政府批准龍潭巴士公司，在機場設站，有十數條大巴士路線，行駛各地。這些巴士，有直到香港、九龍各地鐵車站，或轉駁地鐵新支線―大嶼山東涌線。時間由早上五時至晚上十二時，班次由每隔五分鐘至十分、十五、二十分鐘。票價由三―二〇元不等。

九龍新界屯門，與機場隔海遙望，陸路交通，必須繞道，不若輪渡便捷，乃有定時輪船。地鐵新支線—東涌線、有香港、九龍、奧運、荔景、青衣、東涌六個站，含接地鐵各線，輔助機場鐵路和巴士的不足。而其票價：成人四—二六元，老人小孩三—一三元不等。一般旅客有三種交通可以選擇。至於計程汽車，到青衣以後，一般需三百元以上，已非一般旅客和港、九本地旅客搭乘的對象。更有豪華房車，則以小時計費，大約香港、九龍市區約四五〇元，香港淺水灣、九龍西貢、沙田、上水、粉嶺等地，約需六〇〇元不等。或以每小時三〇〇—三六〇元但最少兩小時計費，停留時間另計。公路、隧道費由客人負責。

機場鐵路總站，設在香港中環，將原有統一碼頭塡海造陸加大，以海底隧道穿越瑪麗海峽，至九龍油麻地，將原有佐敦道海運碼頭，塡海加大爲九龍站。以後沿海岸築路至旺角地區奧運站轉爲陸地、山邊，至荔景與荃灣分道，至青衣島設站，以後至機場，未再設站。全程中途只九龍、青衣設站，票價沒有老少大小之分，香港七〇元，九龍六〇元、青衣四〇元。每八分鐘對開一班次，由早上五時五十五分至凌晨一時。行車時間全程二十三分鐘，香港至青衣十一分鐘，而青衣至機場十二分鐘。可知後一段路程，是人烟稀少的海島。

香港、九龍兩站上車的旅客，票價雖稍昂貴，但可以購妥火車票以後，即可辦理出境手續，托運行李，手持登機證，無物一身輕。車站清潔漂亮，厠所有人侍候、送衛生紙，清水洗手，雖無規定要付小費，旅客當不會吝嗇給予零錢。鐵路是密封式，車站和鐵路之間，有一道透明帷幕牆，設有安全門，旅客可以看到鐵路上的一切，卻不能走到路邊。這是因火車快速，爲旅客安全而設。當火車到站停妥後，車門與帷幕門，一分不差，相對打開，旅客幾乎一脚跨過兩扇門，進入車廂。車內豪華清潔，座位非常舒適。然而九龍上車的旅客，寥寥無幾。這大約和票價昂貴有關。我從九龍上車，車票六〇元，而巴士只要十四元，相差四分之三，本地人士地形環境熟悉，可能選搭巴士了。

火車很平穩滑行，舒適愉快，隔音良好，沿途風光美麗，青衣站稍停，繼續前行，不覺間已到達機場總站。機票已辦好、行李已托運。我乘中華十二時二十分的班機，提前於九時卅分到達機場，有足夠的時間，遊賞參觀機場，對內部設施，有如下的感覺。

機場內部設施 機場總面積，第一期已完成的工程，總面積爲五五〇、〇〇〇平方米，是啓德機場的九倍。現有跑道兩條，預定擴建爲四條。屆時乘客人數，由現在的每天三五、〇〇〇人，增至八七、〇〇〇人次。客運大樓是九層建築，總面積三〇、〇〇〇平方米，共計有昇降機一〇二台，電動扶梯六三條，自動行人道五四條，候機大堂坐位一二、五〇〇個，手推行李車八、〇〇〇架，航班資訊顯示器二、〇〇〇塊，商店及食肆有五個區—商店一四三家、食肆二五家。大樓空氣調節、夏季二〇度、冬季二四度，總製冷能力，相當於一五、〇〇〇部家庭空調器。洗手間、詢問枱、舉目可以看到，一切一切極爲方便。各樓層使用情形；第八層離港和食肆、第七層商務貴賓室。除五、六層一般旅客必須知道外，其他各層和旅客沒有太多關聯。

第五層是抵港旅客入境檢查和取行李用途。檢查入境旅客櫃枱，有一二八個，海關檢查櫃枱七六個，行李認領轉盤十二個。由下飛機至認領行李，大約只須一〇—一五分鐘，無須轉換樓層可直接至大樓東西大廳。有寬廣的迎賓廳停車場、香港快速鐵路，各地區大巴士，計程車、私家轎車，東涌轉接巴士，任由旅客選擇。

第六層是離境旅客，各航空公司登記枱有二八八個，檢查枱九六個，保安檢查枱一六個。進入出境通道，標誌顯示器標明：左方為一—七號右側是一〇—一九號登機門。而中間一條寬濶的走道，左右由二一—三六號登機門。以後走道呈V字形，左方是四〇—五〇號右方是六〇—七一號登機門。至於有欠缺的號碼，則不明原因。電動行人道，每兩個登機門之間，就有一段。每個登機門前有數百個坐位，供候機旅客休息。坐位前方豎一個號碼顯示器，顯示起航時間、航班，現在時刻，準時或延誤，一目了然。附近有厠所、烟酒零售處。航班入口，即在坐位前方，一切一切非常方便，進入登機門，就可安全到達目的地。

一九九九年載於世界論壇報

白雲珠海五羊城

廣州市建城的歷史，根據中共一九九四年公佈的研究報告：「秦始皇三十三年（公元前二一四年）統一了嶺南以後，建立南海、桂林和象郡。秦將任囂爲南海首任都尉。都尉府設在番禺，建「番禺城」亦稱任囂城，即今之廣州，時趙佗爲副將」。

那麼廣州建城至今已二二〇八年。它的歷史，只比西安、江陵、邯鄲、蘇州、紹興、亳州等稍晚，但比巴黎建于一世紀前、倫敦公年四二年、柏林公元四四年始見歷史、莫斯科公元一一五八年、維也納公元一世紀、開羅公元六四二年、華盛頓一七九二年、東京一四五七年、上海只有六百年。除了古羅馬傳說有三千年，廣州的歷史悠久，稱爲世界的古城之一，外國城市極少可以媲美。

廣州市簡稱穗垣、粵，又稱棉市，五羊城。南越王趙佗、南漢王劉鋹均曾在此爲都城；國父孫中山先生臨時大總統府亦在此。廣東省東、北、西三江匯合而稱珠江、或稱粵江。而西江發源於雲南，經貴州、廣西至廣東，全長三千多公里。穗市位於三江匯合處，稱珠江三角洲，因有八條水道出海，故河叉縱橫，漲潮時均可通航。黃埔是國父選定的南方大港，設有軍事政治學校，是中華民族，國民革命軍的搖籃。於一九三三年開始建港。市區土地肥沃，人口稠密，民風淳樸，習性克苦耐勞，富有創造改革堅忍不拔的精神。

廣州築城時，傳說有五位仙人，穿著五色的彩衣，持著五枝稻穗，騎著五色的羊到來，預言：「此城永無荒年。」去後，留下稻穗，五羊化成大石，因此稱穗市、五羊。越秀山是北門外的一座山，遍地種植木棉，花色緋紅，迎風吐蕊，有兩株並生者，互競高長，人們尊爲英雄樹，是廣州的精神象徵，定爲市花亦稱棉市。越秀山民國後改爲公園，有五羊石雕，與海珠橋、六榕寺花塔，爲廣州的標幟。廣州市的景緻非常多，略舉數則以後：

珠江風月　南中國的天氣比較暖和，從未看見下雪，草經過冬天不會枯死，花非春天也常開放；如小桃源的桃花，漱珠岡的珠蘭，白雲山的能仁丹桂、越秀山（觀音山）的紅棉，常常一片花海，點綴著羊城遍地似錦，眞是：四時繁花似錦，八節草木常綠，香聞處處，蝶舞蜂飛；連陌的荔枝，遍地的鳳梨，以及各種水果，一片南國風光。市內水域縱橫，江中的遊船如織，各式各樣的畫舫，陳設極盡富麗精美，俗稱蜑戶，他們以此爲家，亦供人租用。搖櫓於碧波之中，粼粼波映，水天一色。或夜泊江心，仰望明月在天，江中反映，像珍珠在波中，雲天遠岫，清靜無塵，沒有蚊蚋的擾煩，有潮聲如天籟。羊城的美景，珠江的風月，如詩如畫，令人長憶難忘。

珠江的由來，是江心的沙洲有一塊大石，當水激在石上，散發出的水花，在月明的夜晚觀之，如盤中的明珠跳躍，現在沙洲已經連接陸地，此種美景已無可復見。

廣東古稱南海，屬地西江的合浦盛產珍珠，故稱珠江。廣州市區跨越番禺、南海兩縣，以珠江爲界，河南是島嶼，開發較少，河北比較繁華，有很大的差距。北岸河堤通稱長堤，東起大沙頭，經天字碼頭、海珠橋、西濠口、沙面至黃沙。十數里的長堤，大廈櫛比鱗次，石造的房屋，古色古香，西式的大樓，聳立江岸。遊人如織，摩肩接踵，車如流水，城開不夜，華燈流輝，絢麗班爛，舳艫相接，琉波粼粼，明月當空，萬千輝皇，燈光水影，景色迷人。江中的漁火炊煙，來往的輕艇行人，南中國的夜色，旖旎秀麗，增添幾許神秘色彩。

粵海關　位於西濠口，粵海關三字，是嶺南才子宋湘所寫。宋湘的書法極佳，名氣也極大，主事者原約定由其執筆，因負責人貪財傲慢，宋湘不齒其人，不肯書寫，雖再三請求，均予拒絕。後知宋湘深愛他的姪兒，常寫字給其臨摹，乃賄其姪，逐字謀取，當寫到：「春風不度玉門關」的關字寫好門字時，偶然想起曾寫「名山飛百粵」「秋風海上寄黃昏」心中浮顯被騙的感覺，怒而擲筆。後由名書法家羅浮僧人補塡，但筆勁懸殊，關前雖能看見「粵海關」，但在河南隔江遙望，只能看到「粵海門」。

宋湘字煥襄號芷灣，廣東梅縣白渡人，清朝嘉慶時的進士，曾任翰林、知府、道台。工書法，擅詩文，曾有江浙人在文官會中欲難宋氏，提出上聯要宋接下聯，上聯是：

東鳥西飛，滿地鳳凰難下足；

宋對之：

南龍北躍、一江魚鱉盡低頭。

成爲佳聯。又祝嘉慶帝壽聯：

順穆康賢雍和乾樂嘉千古，
治平熙世正直隆恩慶萬年。

將清朝前五帝號分鑲於聯內，極盡匠心。後覺千古二字有語病，宜以嘉百代、百世、千載較佳。

長龍臥波　海珠鐵橋，長一八二公尺，寬一八公尺，建於陳濟棠伯南將軍主粵時，橫跨珠江，工程極爲艱巨，而南北的交通暢順，其功至偉。海珠橋三字，每字高丈餘，氣勢磅礴，是革命元勳胡漢民先生所書。珠江的水上交通極爲頻繁，橋距水面高度，不適宜通過較大的舟船，若繞河南芳村全島而行，路遠費時。乃在橋上設開關，每日子午時兩次起橋，以便巨船通過，當橋吊起，橋身直插在高空時，殊爲壯觀。珠江雖然沒有上海黃埔江的壯闊雄偉，但帆檣林立，艦船相接，景色秀美，黃埔江又較爲遜色。鐵橋橫跨兩岸，形如巨龍，秋涼月夜，站立在橋頭上，倚著欄杆眺望，江中的風帆片片，燈影晃動，水波粼粼，搖曳生姿，景色非常秀麗。近視波光瀲灩，月媚燈輝，鐵橋的倒影，像巨龍臥在波心，燈影像巨鍊，又似銀河倒懸。眞是：

明月在空龍在海，
一江秋水夜憑欄。

六榕古寺 建於南北朝，位於穗市的中心，原係寶莊嚴寺。宋朝蘇東坡被貶經過此地，深爲環寺的六株巨榕吸引，乃親題「六榕」二字，垂名至今。禪宗六祖慧能受戒於此，圓寂後，弟子鑄像供奉在寺中，是廣州最有名的金石之一。寺內有六榕塔，瑰麗奇偉，世稱花塔，梁武帝時所建，歷宋、明修葺，爲八角九層二十七丈高，是廣東最高的巨塔。頂層有一根銅柱，雕刻有佛像一千個，重數千斤。塔頂的金葫蘆高數丈，與橫跨珠海的鐵橋、越秀山的五羊石雕，同爲廣州市的標幟。

中山紀念堂 位於越秀山下，是國父孫中山就任非常大總統時的總統府故址。民國十八年開工，歷時三年才建成，佔地五千多平方公尺，由山東呂彥直先生繼南京中山陵以後所設計，堂呈八角形，堂內完全沒有樑柱，全採鋼筋水泥拱成，可容納六千四百人，東西南三面主入口連成一氣，大廳有十個入出口，四周的空地寬廣，是集會和遊憩的好地方。紀念碑高近兩丈重逾百噸的整塊青麻石，採自香港的青洲，是五華吳佑昌先生經手所建。當時的器械簡陋，採挖、運輸、建造，均極爲艱難，如今已經歷逾一甲子的風雨，仍屹立不損，實在可稱偉構。

越秀公園 原來的越秀山改建，明朝時越王台的故址改建爲觀音閣，故又名觀音山，山上有越秀樓，是國父治事讀書的地方。西北角有越秀湖，湖中有島和水榭，四周遍植紅棉、黃槐，開花時燦爛芳香。鎮海樓是越秀山最大的古蹟，明太祖十三年所建，高八丈，爲五層木造建築的古樓。民國後改設爲博物館，大家以博物館或五層樓稱之，黨國元老胡漢民題聯：

五嶺北來珠海最宜明月夜
層樓晚望白雲仍是漢時秋

登樓遠眺，珠江如帶，芳村與黃埔相接，全城在望，像一幅美麗的圖畫。山上遍植棉樹及各種花樹，濃蔭香郁，燦爛繽紛，是市民遊樂怡情的好去處。山下小北，是客族人聚居的地方，每年中秋節，市政府開放給市民遊樂，可以連續三天晚上，在山上唱山歌，很多青年男女，在歌詞中唱出自己的希望，舒懷自己的感情，唱出彼此的心聲，彼此的感情，由遠而近，締結良緣者，大有人在。眞是：

明月有情照大地
青年男女締良緣

懷聖寺　位於光塔街近西江河邊，俗稱光孝寺，建於隋朝，是廣東最大的回教寺。寺塔如煙筒，俗稱光塔，塔頂上有一隻金鷄，隨著風而轉動，夜間燃燒燈火，導引西江的行船，是燈塔的前身。

海幢鷹爪　海幢寺位於河南的珠海邊，昔爲萬松園。寺內有很多千餘年的古木，濃蔭處處，繁花吐艷。有一株鷹爪蘭，本是藤科，因爲年代久遠，已長大成兩人合抱的大藤樹，幹枝相互纏糾。花開時有五種，極爲燦燦美觀，香氣濃郁，芬芳撲鼻，雅士騷人，前來圍觀玩賞，或坐吟詠，寺僧視爲珍寶，築圍欄維護。所謂：「未有羊城，先有光孝，未有海幢，先有鷹爪」，可知樹齡既經超過千多年了。

廣州曾發生七屍八命巨案；緣豪富淩貴興，持財欺侮姑表弟梁天來，欲奪其祖居棋盤形，利誘不成，陰行放火，以致發生七屍八命慘案，各地的衙門官吏，直至邊境梅嶺的關官，均為他收買，以致申冤無門，擬上京城雪冤，亦被阻於梅嶺。適逢大學士孔大鵬南來廣州，與海幢寺住持相稔，下榻寺內，得知實情，乃協助梁天來告御狀，才得雪深冤。其後清查廣東境內受賄的官吏，共有七十二堂，均判處死刑。為廣東有史以來整飭官吏，最大的一次。

荔灣漁唱 廣東的氣候，適宜種植荔枝，穗市西郊的荔枝灣，有荔枝園，一灣清水，幾道虹橋，遊艇畫舫，聚集於此。有一種畫舫稱紫洞，陳設豪華，金碧輝皇，爭妍鬥麗，有紅粉侑酒，笙歌不斷，宴飲其中，別有一番風味，迥異市上的酒家。暮春初夏，荔枝新紅，南國的水鄉，在明月清風夜與紅粉好友，租艇遨遊於碧波綠蔭中，聽欸乃聲聲，蟬鳴和唱，覽賞西江風月，購吃美味的艇仔粥，剝嚐新紅的鮮荔枝。羊城的美景，荔灣的漁唱，此情此景很富詩情畫意！

廣東的荔枝，大致可分；掛綠、桂味、黑葉、糯米滋等，以增城縣所產的掛綠最為優良，專制時代且列為貢品，因樹株極少，殊為名貴，每屆開花時候，即有官員專責看管，結子時每日清點列報果實數量。據說：荔枝是很滋補的水菓，可以延年益壽，古時的帝王和妃嬪，夢寐以求得到的美味。唐明皇為了博取楊貴妃的歡心，特別命令驛使，五里一堠，十里一置，一晝夜能跑八百里的快馬，從廣東奔馳至長安，以維持鮮美。當飛騎送達時，適明皇在長生殿奏曲，慶賀貴妃的生辰，因此即名「荔枝曲」，有詠嘆：

一騎紅塵妃子笑，
無人知是嶺南來。

因而又稱：「妃子笑」。專制時代，君王有生殺予奪大權，只圖自己的享樂，不顧天下百姓的疾苦；周幽王爲博取褒姒的一笑，不惜用烽火來戲諸候，卒爲犬戎敗亡。唐明皇爲使楊貴妃歡顏，貪口腹之慾，竟勞民傷財，八百里的快馬，遞送荔枝，以致安史的禍亂，遺恨終生，誠令人嘆息警惕！

白雲松濤　白雲山位於穗市的北方二十里，山梯逶迤，方圓八里，左聳羅浮，右峙越秀，白雲繚繞，松濤風動，成爲奇觀和音响。故有「白雲松濤」的奇景。山上寺廟極多，善男信女，絡繹於途，相傳：不孕的婦人，中秋夜夫妻露宿在山頭，行敦倫之禮，當可獲得麟兒。因此，中秋夜有很多男女露宿，眞能夠懷孕嗎？信耶？非耶？

惟願娘娘降福澤，
無虞香火祭祖先。

黃花公園　位於黃花崗，原名紅花崗，穗市東郊近沙河的一塊山坵，是中華民族爲國犧牲的烈士安息埋骨的墓園。民國元年農曆三月二十九日（西元一九一一年四月二十七日），廣州起義壯烈犧牲的烈士，由潘達微同志收集死難者埋葬在紅花崗的共有八十六人，因當時只查出有姓名的七十二人，故稱七十二烈士，其名較黃花公園爲著。民國七年方聲濤募款重修墓園，林森復向華僑募款建「紀功坊」和「墓亭」。其後民國二十一年審查出是役烈士十三人，亦補列碑記，現在未列者僅李祖恩烈士一人。

墓園前臨沙河，後枕越秀，莊嚴肅穆，啓示烈士的精神，與天地日月同光；滿園黃花，處處紅葉，碧血黃花，浩氣長存，志士仁人，有殺身以成仁，無求生以害仁，唯其仁至，所以義盡，求仁而得仁，雖刀鋸鼎鑊，亦甘之如飴，捨身以取義，丹心照汗青，令人肅然起敬。烈士的墓園聯：

七十二健兒酣戰春雲湛碧血；
四百兆國子愁看秋雨濕黃花。

摯友陳史恆君，工詩文、善書法，識者咸稱才子而不名，於一九八七、八八、八九連續三年參加中、日的書法大展，均能獲得殊榮，揚名於國際。一九八九年以下面詩獲獎：

黃崗曾上看黃花，烈魄忠肝照漢家；
碧血洗餘塗炭日，九原應笑屬中華。

佛山鎮　是南海縣政經文化的中心，明、清兩朝的縣治設在河南，與番禺同爲廣州的府治。民國後，廣州府改爲院轄市，乃遷往佛山。位於廣州的西南，珠江三角洲的上游，工商業很發達，人民生活富足，文化鼎盛，歷代人才輩出，其中佼佼者，如梁佩蘭、康有爲等。由黃沙火車站渡西江，乘廣州至三水的鐵路，可以直達。設鎮已有千年歷史，據說：當時夜晚常放異彩，金碧輝煌，遠望非常燦爛，平疇無垠，沃野千里，晶瑩絢爛，多彩多姿。

佛山的由來，傳村民掘山丘時得到三尊佛像，因此名播遐邇。明朝時與湖北的漢口鎮，河南的朱仙鎮、江西的景德鎮，爲四大名鎮，各以藝術、交通、軍事、工藝，佔重要地位，赢得不少榮譽。清朝時的北京、南方的佛山、東部的蘇州、中部的漢口，稱爲四聚。境內的祖廟，經堂和古寺，七層寶塔等古蹟很多，特點皆以木頭接榫而成，不用水泥、鐵釘，古老的遺蹟，獨特的結構，表顯出藝術特殊的氣質風格。鑄造、藝雕，皮鼓、銅鑼及各種樂器，皆負有盛名，各地遠赴此地採購。

羊城何日再重遊　余於民國三十五年七月一日入陸軍第六十四軍直屬通信營服務，於同年十二月六日奉令北上，總計駐留穗市的時間五個多月，遊遍各地名勝。

羊城的風月無邊，腦海中永遠記得，心懷深厚的感情，如今分別，多少有離情依依的懷戀。但天無長圓的月亮，地無不謝的花兒，人無不散的筵席，今日的分別，是以後相逢的快樂，我會平平安安回來，再投入你的懷抱，作美好的重聚。再見吧！羊城！

一九九一年稿載於世界論壇報副刊

甘受冰雪遊山河

一九四六年七月一日，我任職陸軍整編六十四師直屬通信營第二連的特務長。師長黃國樑增城人，營長張榮華蕉嶺人，連長張啓源五華人。營連長是直屬的長官，朝夕相處，又是客族的同鄉，公情私誼都非常融洽。連長於第二年夏天，軍次山東益都，在我調任營部軍需後南返廣州，從此沒有再見過面。營長於一九五〇年在海南島奉命前往東沙群島公幹，中途遇到颱風的侵襲，躲避到了香港。而部隊因戰略的關係，撤退到台灣，我亦隨部隊行動，而營長則未歸隊，以致音訊中斷了二十年，迨一九七〇年，我到香港探親才連絡上。這些年書信往來頻頻，如今已八十許人，身體仍很健康，家鄉一子和香港的三個兒子一個女兒，均已長大，家庭生活美滿。

特務長是輔助軍官，位階雖然很小，而責任和工作頗多。負責全連官兵的異動、財務、糧餉、被服、槍械以及通信器材、馬匹、車輛等等繁雜衆多項目的處理和保管；還要管理伙伕、馬伕等士兵，故有小連長的稱號。

軍需業務比較單純，除負責請領全營的財務、糧秣、被服、馬乾等分配給三個連和獨立無線電排外，人員的異動、文書、槍械、車輛、馬匹等由書記、副官、軍械官分別負責，各有士官協助，因此軍需的工作比特務長的工作，較為單純。

師司令部設在廣州河南停工的紡織廠內，營連部設在附近，戰前有錢人居住的基立村，相距約十五分鐘的路程，每天凌晨到司令部集合升旗，聽長官訓話或某些宣示。返回營舍後處理經常性的工作，幾乎可以說沒有其他事情了。

廣東部隊當時習慣吃兩餐，所謂朝九晚四。早餐後多到廣州市探訪親友、遊逛，晚飯後看電影、跳舞、喝茶。八年對日的抗戰，大家都備嚐辛苦，勝利到來後的人心，多趨向享受、逸樂，整個社會的形態，可說奢侈靡爛，紛華無度，抗戰時的克苦耐勞，艱苦卓絕奮鬥的精神，已經蕩然無存。

黃師長自雲南講武堂畢業後，身歷戎行數十年從未有間斷，他保持客家人傳統克苦耐勞的精神，生活非常樸實，他深知軍人必須常常訓練才有克苦耐勞的習性，健壯體格和勇毅精神，才有充沛的戰鬥意志。城市奢侈浮華的生活，會影響一個人堅苦意志，逐漸走上消磨沉淪的道路，所以他說：「城市是軍人墮落的地方，埋葬士氣的墳墓。」因此向層峰請求北調，乃於是年十二月初成行。

北國冰天雪地的嚴寒，和南國四季如春的氣候、生活和環境，兩者有截然不同的情形。因此，南方人很多不願意到北方去工作，寒冷環境的因素很大。當我向魏彥才兄辭行的時候，他就躭心我受不了寒冷，過不慣人地生疏等因素而加以勸阻，並且願意代謀別的工作，關愛的深情，表現於言語行動之間。我婉謝了他的好意，認爲別人花費很多金錢去遊覽名山勝景，現在我有一面行軍順途遊賞的機會，放棄了多可惜啊！素願能多遊覽北國的名山勝景，冰雪的苦，我是甘之如飴。

一九九一年載於世界論壇報副刊

粵北雄關大庾嶺

大庾嶺又稱梅嶺，與韶關（曲江）同爲廣東北方的咽喉。對日抗戰時，日本軍多次想打通粵漢鐵路，由漢口直下廣州，囊括中國東南整塊膏腴的地方，均因余漢謀將軍鎮守粵北，率第七戰區勁旅扼守，使日軍難越雷池一步。韶關位於五嶺山脈，與東方梅嶺遙遙相對。

梅嶺在大庾嶺或五嶺的南麓，西至始興、曲江。廣東省南雄縣的北方，江西大庾縣的南方，由兩縣分治，古時稱爲塞上。因地形險要，扼五嶺南北的咽喉，漢武帝攻伐越南時，派庾勝爲監軍，以此嶺爲根據地，因此稱大庾嶺或庾嶺、台嶺、東嶠。唐朝承相左拾遺張九齡，曲江人，在嶺上開墾，遍山種植梅花，故又稱梅嶺。宋朝立關在山上，就是「梅關」。關向南方的書「嶺東第一關」，面向江西的題「南粵雄關」。舊時的海運和鐵公路尙未暢通時，粵贛的交通，以此嶺爲要津。在歷史上很有名的東西縱谷大道長三十里，重山疊障，險阻困難，大有一夫當關，萬夫莫敵之險，且荒山野嶺人煙稀少，人們視爲畏途。但嶺南的士子上京赴考，商旅販運物資，沒有更好的路途可以選擇，只有走這條險道，比較尙爲方便，因爲出山道後，便可由贛江順流而下鄱湯湖，揚帆長江就方便多了。蘇軾的詩云：

千里迢迢關山道，踏遍梅花不染塵；
玉斧飛霜大庾嶺，萬松深翠洗煙嵐。

天南不飛雪，雪意在寒梅。

大江東去幾千里，庾嶺南來第一州。

庾嶺南北的溫差很大，南邊的梅花已經凋謝，北邊的才開始綻放，故有詩云：

南枝向暖北枝寒，一樣春風有兩般，
破臘東風搖綠萼，枝頭乍放蕊猶含；
冰霜世界玉精神，疏影橫斜報早春，
不去洛陽爭富貴，却來庾嶺好逡巡。

長白觀瑞題掛角寺的門聯：

掛角何時，偶爲嶺上主人，猶意想千秋風度；

舉頭欲問，可許山中置我，試管領萬頃梅花。

火車像巨龍般沿着山北行，經樂昌向湖南前進，曲江、始興、樂昌屬廣東北部的山區。是北江的發源地，近湖南和江西，歷代有很多人才。唐朝有左拾遺承相張九齡，民國後有張發奎、薛岳，抗日戰爭時分任第四，九戰區的長官司令，予敵人重擊，使日本軍人聞之喪膽。兩將軍是始興、樂昌的客族人，唯一派遣軍出國遠征緬甸、印度的總司令羅卓英也是大埔客族人。廣東人較早接觸西方文化，開風氣之先河，富有民族民主的革命思想；客族人更富有艱難困苦，奮鬥勇毅果敢的精神，這是世人所公認。

一九九一年載於世界論壇報副刊

雁陣驚寒話衡陽

農曆十月下旬，廣東還是小陽春的暖和天氣，但當火車進入湖南的省境，就感到寒意襲人，而且細雨綿綿，大地一片泥濘，倍增寒冷的感覺。郴州是湖南靠近廣東的城市，火車沒有停留，直奔衡陽。

衡陽是古今的名城，幼時讀唐朝王勃寫的滕王閣序：「雁陣驚寒，聲斷衡陽之浦，」已經知道它的名字。衡陽是我第三十代祖芮公受西楚霸王封為衡山王食邑的地方。

衡山古稱南嶽是五嶽之一，在衡陽境內，盤繞八百里，有七十二峰，祝融、紫蓋、雲密、石廩、天柱、回雁等峰最為著名，一般相傳，祝融峰最高，方廣寺最幽，水簾洞最奇，為遊客所鍾愛。全山峰巒疊翠，幽靜秀麗。

迴雁峰，相傳鴻雁到了峰頂，即調頭回去。鴻雁俗稱雁鵝，居住在西伯利亞的候鳥，每年冬季風雪侵襲前，預知大雪來到時既寒冷又無食物，乃結伴遷徙到南方避寒，待天氣暖和時候再北返故居。它畢竟不是人類，當飛抵衡山的時候，適逢南方的小陽春季節，風和日麗，誤認天氣已經暖和而調頭北返。所謂「聲斷衡陽之浦」，就是說衡陽以南的地區，再也聽不到雁唳聲了。

迴雁峰也是南嶽七十二峰之一，歷古文字相傳鴻雁飛到此峰，誤認已經到了春回大地而折返北方。如杜少陵的歸雁詩：「萬里衡陽雁，今年又北歸。」宋秦觀「衡湯猶有雁傳書，郴州已雁無。」又「雁鳥不過此山，至此而返等」。前人的詩句均說：雁不過衡山，但我家鄉在粵東，春暖的三月，常有雁陣北飛，可聞高吭的唳聲，每逢雁過高空的時候，群童呼之礱谷，雁即在空中圓轉，呼之一字或人字，雁即成人字或一字形。這些詩人的話，有時也不可盡信。

吳三桂，是不忠不孝之人，身受明朝皇帝的深恩，受予高官厚祿，手裡握着兵符，率雄兵猛將鎮守山海關。當李自成叛亂逼近北京都城的時候，屢屢下詔勤王而不奉詔，崇禎帝自縊煤山也不顧，父死亦不問，以山海關重地不能離開爲理由，表現出爲國的忠誠，拒逐滿清保護國土的決心。但聞到愛妾陳圓圓被虜的消息，竟一怒沖冠，開關借兵，忝顏無恥受滿清的官位，屠殺自己的同胞和各地的義民。陳氏不齒夫君的所作所爲，做滿族的鷹犬、漢族的罪人，拋棄了榮華富貴，削髮做了尼姑，堂堂男子漢，不及一個女人，實在令人嘆息。然而兎死狗烹，鳥盡弓藏的時候，滿清認爲中國已經平定，不願意漢人手中仍掌握着大軍，乃急急做削藩的決定，乃有三藩的叛亂。

吳三桂的天良尙未泯滅，舉起反清復明的義旗，奉明朔稱天下都招討兵馬大元帥，自雲南誓師，揮兵東來，短短數月的時間，擁有雲南、貴州、廣西、廣東和湖南五省的廣大土地，風起雲湧，萬民景從，義旗到處飄揚，使清廷皇朝震動，大有一舉恢復明室河山的勢氣！然而吳三桂眼光短視，利慾薰心，認爲有機可圖，竟改變心中的初衷，不朔明祚，自立爲帝，改元大周；並以衡陽爲都城，廣建宮室，貪圖苟安享受，以致民心違離，旋因兵敗病死。城內還有宮室的東門——西華門的遺址和古井、石坊等，宮殿則改紀清末湘軍名將彭玉麟，稱爲彭公祠。

抗日戰爭，日軍企圖打通粤漢鐵路，以大軍團猛攻，在方先覺將軍指揮下，堅守四十七天達成目的後才棄守，爲抗日戰爭後期重要的戰役，我堂兄致祥於此役殉難入祀國家忠烈祠。。

一九九一年載於世界論壇副刊

古今名將出長沙

三國時候，關雲長取長沙，戰黃忠，歷史記載和戲劇都很有名氣。近代的中日戰爭，薛岳將軍在長沙與日本大軍對敵，三次大捷，前後古今爲長沙帶來多少輝煌事跡，不世的功勳。

長沙，古楚地，秦時置郡，漢高祖劉邦平定西楚霸王後，將西楚霸王封我三十代祖芮公衡山王，改爲長沙王，四個兒子世襲王侯，獲得王侯世家的榮譽。東漢改置長沙國，今爲湖南省的省會，是歷史上有名的古城。

宋朝時全國只有四個書院，湖南就佔了兩個，一在衡陽、一在長沙嶽麓山。著名的大儒人朱熹曾在此講學，發展成文風鼎盛，人文薈萃的文化名城，民氣因此發皇，有勇毅敢任事的人才輩出，代有名人；尤其清朝中興名將曾國藩和左宗棠。民國後蔡鍔將軍在雲南起義，推翻袁世凱稱帝的美夢，再造了中華，均名噪當時，留名青史。

曾國藩，本是文弱書生，因太平天國洪秀全造反，爲了保衛家鄉，訓練三湘子弟，不致被踐踏蹂躪，初無出征衛國的心理。迨奉朝庭徵召，乃率三湘弟子淸剿太平天國達十餘年之久，歷經很多困難和危險，率將太平天國剿滅，使滿淸皇朝在搖搖欲墜中，重新穩定，他立了不朽的功勳，封侯拜爵。

左宗棠字季高謚文襄是湘軍才能很高的將帥，他協助曾國藩平定太平天國，立了大功。曾任浙江巡撫，閩浙、陝甘總督又復平定陝甘及天山南北路的阿古柏回亂，經營西北的廣大地區，發展交通、水利、農業，築困難的雁泉公路，兩旁遍植柳樹，使黃塵萬里的沙漠，成爲綠蔭大道，後人稱爲左公柳。回朝後拜東閣大學士軍機大臣，從幕起家、封侯拜相，權傾一時。

湖南自曾國藩，左宗棠至今百餘年、軍政兩界頗多傑出之士，皆由兩公提攜獎腋培植的功勞，始有爾後的鼎盛。

長沙的古蹟很多，嶽麓山上的寺廟林立，登臨其上，眺望四周的風景，河山壯麗，景色幽美。市內的火官殿、馬王堆、天心閣、白沙井、落刀井、關公廟，都是歷史悠久的古蹟。

關帝廟的門聯：

義扶漢室三分鼎，

志在春秋一卷書。

廟內供奉關公的塑像，紅面、丹鳳眼、臥蠶眉，左手執春秋、右手撚長髯，器宇軒昂，義氣凜然，不禁使人想起當年溫酒斬華雄、匹馬斬顏良、文醜、河北英雄皆喪膽和單刀赴魯肅、江南豪傑盡低頭的威猛，何等英雄氣慨！他的忠義贏得千古稱讚，萬民敬仰。

抗日戰爭時？關麟徵將軍曾鎮守長沙的北關，使日軍難越雷池一步，一戰成名，不失乃祖的雄風。薛岳將軍任第九戰區長官司令，日軍三次集結數十萬精銳部隊，傾全力來犯，均遭將軍無情痛擊、迫使日軍大敗逃遁，長沙三次大捷、舉世聞名。

中日戰爭的第二年，張治中將軍主湘時，誤聽謠傳說日軍已經進入東城，沒有詳細查證，倉促下令燒城，執行堅壁清野的政策，以致精華地區，付之一炬，很多古蹟也被波及，實在可惜。火燒前夜。城內的萬千老鼠成群結隊浮湘江逃到對岸，好像知道大難來臨，亦一奇事。

曾國藩字滌生謚文正，清末中興名臣，其一生做人處事，足爲後人敬佩效法的很多，玆錄一二：

一、攻下南京，即逐漸縮編湘軍，蓋深深知道樹大招風、權大遭忌的道理。當湘軍攻下武漢的時候、朝廷原已下詔任他爲巡撫，但有人說：「走了一個洪秀全，又來了一個曾國藩，」立即收回詔命，可以知道朝廷的君臣、對漢人仍有猜疑顧忌的心理。然而，攻下南京，迫於情勢仍拜命任江南巡撫，統制軍政。其時名望崇隆，權力之高炙手可熱，要奪清室的江山，可說舉手可得。其實部將多有進言謀奪清室江山，其弟國荃尤爲急進，愛將彭玉麟、不受清朝的爵祿，也不愛金錢，爲曾帥冒死奮戰，義薄雲天，只希望能扶曾帥爲帝位，就了卻心願；一次他專人送密函進言，曾帥閱後將信放入口中咀嚼吞食。他深知年羹堯和雍正王，自幼至長是好朋友，未登帝位前什麼機密都參予，即位後弁予征伐西北的將軍，任內政風清廉，軍令嚴明，忠心耿耿，無人不知，因而封四川巡撫，一次因戰功偕部將多人陛見，雍正皇憐他們甲冑在身不便，要他們更換衣服。大家不言也不換，後來年羹堯說：「換了吧！」大家才應諾退下。這表示他的軍令嚴明，也表示雍正皇也管不了他們，這是令朝廷大忌之事。年羹堯不知道隱晦，雖威震大西南，也難逃殺身的下場。由此曾帥知道做人處事的道理，前車之鑑，非斷然採取非常手段，難以自我保全。唯一的辦法，自己減少兵力和權力，並推舉李鴻章的淮軍替代。

二、曾帥身爲公候，不忘以家爲本，叮嚀家人不要忘了耕作，飼養豬、牛、羊、鷄、鴨、鵝，養池魚，耕稻田、種疏菓，以養生五訣：眠食有恒，懲憤、節欲、飯後散步、睡覺洗腳，要家人去做。

三、移風轉俗自任，理想中的太平世界、友好的門風、耕讀的世業，文公全集的精髓，與孟子出入相友，守望相助一章的精神完全吻合。此種精神，即儒家的精神。

曾文正公文集，是一部做人做事的寶典，平實而精緻，深入而淺出，一字一句說明：治事、做人、治家、立身的要旨，在在都是實踐儒家的精神。一生的功業彪炳、名留青史，立德、立言，立功的三不朽，絕非僥倖得來。曾帥的祖父是廣東嘉應州的遷客，其孫約農先生，在台灣參加客屬同鄉會的活動，表明原籍是梅縣。

一九九一年載於世界論壇報副刊

洞庭波撼岳陽樓

洞庭湖和岳陽樓，位於湖南省北部長江南岸。世人都認爲沒有浩瀚的洞庭湖，就顯不出岳陽樓的美，沒有岳陽樓的記述，則湖光聲色不彰。是故兩者實互爲依存密不可分。

長江的南方，統稱江南，原是古時的雲夢大澤，其後沖積成爲平原。故江南的地方、湖泊比其他地區較多，河汊縱橫，串連長江，一葉扁舟，可以遨遊整個江南，所以范蠡大夫能夠駕輕舟，載著美女西施遨遊五湖的美談。

洞庭湖是我國的第一大淡水湖，長百餘公里，寬八十餘公里，面積二千八百多平方公里（據說數百年前爲六千多平方公里，現因沖積變了很多農田），最深處三十公尺，湖的北方有松滋、太平、藕池，調弦四個湖口，吸納長江的洪水和洪峯，匯集三湘各條江河的水，減少洪水爲患，增加魚米的生產，故稱爲魚米之鄉。每當春秋兩季的雨期，三湘各河川和長江的水，灌注而來，所謂春潮秋雨，漲滿洞庭湖，瀰漫浩瀚，宛如大海，天連水、水連天，渺無涯際，誠如岳陽樓記中一段：

含遠山，吞長江，浩浩蕩蕩，

煙波漂渺，一碧萬頃，橫無涯際。

孟浩然的詩：

八月湖水平，含虛混太清，氣蒸雲夢澤，波撼岳陽城，

欲濟無舟揖，端居恥聖明，坐觀釣魚者，徒有羨魚情。

洞庭湖區，有大小洞庭山，大別山、幕阜山。後二山隔著江岸對峙，形勢非常險要。湖中的君山，由七個小島組成，與岳陽樓一水之隔，遠望形如螺，有描繪君山的詩；

遙望洞庭山水翠，白銀盤裡擁青螺。

岳陽樓與武昌的黃鶴樓，南昌的滕王閣，同稱爲江南的三大偉構，然而後二者的風貌，已沒有往昔的舊觀（現已重建）。惟岳陽樓仍然巍峨，卓立於洞庭湖畔，枕著巴丘，俯瞰著洞庭，縹渺峥嶸，巍乎大觀，予人清新氣象，胸懷開拓的感覺。眺望左側的洞庭，右邊的彭蠡，北通巫峽，南極蕭湘的勝美，古往今來的騷客，以能夠登此樓爲樂。

杜甫登岳陽樓詩：

昔爲洞庭水，今上岳陽樓，吳楚東南圻，乾坤日夜浮；

親朋無一字，老病有孤舟，戎馬關山北，憑欄涕泗流。

樓，原是三國時的閱兵樓，唐朝張說左遷岳州時，改爲岳陽樓。宋朝滕子京謫巴陵，才大爲增建，規模宏敞，極爲精美，樓高三層，純木結構，腰簷設有平座，高十九、寬十七公

尺，四面飛簷突出，使整座樓恍若展翅欲飛。登樓極目遙望，洞庭湖的風光，盡收眼底。近處有魯肅墓、小喬墓，文廟等景觀。

滕子京修岳陽樓時，范文正爲記（范仲淹字希文諡文正），蘇子美丹書，邵竦篆額，皆當時的精華人物，世人謂之四絕。清朝曾國藩，因呂洞賓有三過洞庭人不識的詩詠，乃在樓旁建一間三醉亭爲紀念。前樓有范文正公塑像，兩旁有長聯：

呂道人太無聊八百里洞庭，飛過來，飛過去，一個神仙誰在眼；
范秀才亦多事三千頃波濤，甚麼先，甚麼後，萬家憂樂總關心。

竇君垿的長聯：

一樓何奇，杜少陵五言絕唱，范希文兩字關心，滕子京百廢俱興，呂純陽三過必醉，詩耶？儒耶？史耶？仙耶？前不見古人，使我愴然涕下；
諸君試看，洞庭湖南極瀟湘，楊子江北通巫峽，巴陵山西來爽氣，岳州城東道岩疆，瀦者，流者，崎者，鎮者，此中有真意，問誰領會得來。

周鼎元的聯：

後樂先憂，范希文庶幾知道，
昔聞今上，杜少陵可以言詩。

呂洞賓的留詩：

朝遊北海暮蒼梧，袖裡青蛇膽氣粗；

三醉岳陽人不識，朗吟飛過洞庭湖。
憑欄五月六月涼，人在冰壺中飲酒；
放眼千山萬山曉，客從圖畫裡題詩。

明朝唐伯虎的題詩：

洞庭湖上岳陽樓，檻外波先接素秋，
數點征帆天際落，不知誰是五湖舟？

古人的題詠和神話很多，難以一一記述，而岳陽樓的美，從上面詩聯中可以了解。洞庭湖的湖光山色，景緻的美麗，巧自天成，若在清風明月夜泛舟，更增加幾許幽靜嫵媚的美，放眼望去，十里銀濤，水天相接，天清氣朗，空明無際，遙望遠處村舍，疏燈照影與月映星光，景色的幽美，實在無法描繪。

載於世界論壇副刊

武漢三鎮霸江東

廣州到漢口的鐵路，簡稱粵漢鐵路，全長一千一百餘公里，普通車一日夜的時間可以到達。我的部隊這次奉調北上，沒有目的地，沒有時間限定。因此，每天三餐停車煮飯，停車宿營，逢車必讓，過站必停，而且常常停留數十小時或兩三天，不是奇怪的事，到達漢口，已是一旬以後。

長江南北，此時已經溫度很低，我部到達時適逢大雪紛飛，滿地銀白。北上時廣州仍穿著布衣，現在非棉衣不暖了，南北的溫差如此之大，由此可以知道。嶺南難得看到飄雪，故有「粵犬吠雪」的笑話。飄雪時，滿天都是銀白色的花絮輕飄飄地隨風飛舞。我們第一次經歷雪景，有一種新鮮的感覺，大家爭相堆雪人、打雪球戲耍。手捏雪花，輕飄飄好像沒有絲毫重量，也不覺得寒冷，但當雪花溶化的時候，卻有刺骨透心的感覺。在北方的冬天，洗面的毛巾，洗後沒有好久，即告冰硬，網得的魚，出水面即告凍僵，冬天是天然的保鮮庫。

武昌、漢口、漢陽，總稱武漢或三鎮，有百湖之稱以及黃鶴樓（另文）非常秀麗的風景，其中以東湖爲最佳，位於武昌城東郊，面積三十三平方公里，依自然環境，分爲聽濤、磨山、落雁、白馬、吹笛、珞洪六區。區中的聽濤軒、在風狂雨驟時、湖中浪湧，儼如海濤翻騰。其他爲黃鶴灣、水雲鄉，落雁區、魯肅墓、明太祖的太子朱禎吹笛山、漢口斜陽、歸元禪寺、鳳凰孤岫、鸚鵡芳草、瀟湘夜雨、雲夢朝霞等等，都是令人留連忘返的美景。

漢口的商業，漢陽的工業，武昌的軍政，襟帶江漢，綰轂南北，是全國交通的中心。京粵鐵路南北貫穿，直達北京、長江東來橫貫九省，均是水陸的樞鈕。因此，成爲我國工業、商業、政治、交通的重鎮。長江水的深淺，由吳淞至南京最深，南京至九江次之，至武漢稍淺，但仍可行駛數千噸的巨輪，而武漢以上則難以航行巨輪了。因此，上運的物資，必須在此以較小的船來駁運，這更增加交通的頻繁。

三鎮隔著長江對峙，鼎足而三。古時稱爲江夏，形勢非常險要，從三國到現代，是兵家必爭之地，關係形勢的消長。孫權都江夏時，與魏、蜀鼎足而三。陳友諒據此，與朱元璋爭鋒。曾國藩與太平天國大戰，數度得失。武昌起義，舉國響應，肇造了中華。抗日戰爭時，劃爲華中戰區，由白崇禧將軍鎮守，在在說明三鎮對軍事的重要。

白崇禧水淹日軍　將軍字健生，廣西省人，文韜武略，稱譽一時。抗日戰爭，負責華中戰區，在長江以北黃河以南的廣大平原地區，與日軍纏鬥。日軍挾其精良的機械化部隊，在平原地區優良的環境，屢向戰區侵擾。將軍先以「堅壁淸野」爲目標，勸導人民疏散到山區，然後待日軍深入，挖開黃河堤壩，淹沒三省所屬四十四縣，將區內的日軍人員，裝備、馬匹，陷於水澤泥沼中，動彈不得，殲滅日軍無數，擄獲軍械車輛有如山積。日軍的戰力消耗之慘，自己公開承認開戰以來的最慘！影響以後的戰情，穩定整個局勢，粉粹日軍西侵的美夢，有莫大的幫助。關雲長水淹龐德七軍，白將軍水淹日本機械化部隊，古今媲美。

小諸葛智擒漢奸 白將軍不單是軍事戰略家，而且是思想家，其運籌帷幄，智計過人，衆口稱譽，故有小諸葛的雅號。日軍攻陷南京後，爲炫耀它的軍力，將東海艦隊大小兵艦百餘艘暨兩艘航空母艦，駛入吳淞口直至南京，滿江都是太陽旗的兵船。將軍密謀用巨大的船隻數艘，炸沉於吳淞口，堵塞航道，然後在上游放流大量的汽油點燃，火燒長江，使日軍的艦船進退不得，無所遁逃，葬身火海。不幸在進行中機密外洩，日軍的船隻，一夜間全部遁逃，否則將有很多燒烤的火龜。

將軍深思密謀時，只有蔣委員長中正先生，秘書長王俊和自己（有說精衛的秘書）。委員長和自己不可能洩密，唯一可能是秘書長，但沒有證據，難以入他的罪，思慮再三，第二天以檢討失誤，三人密談時白將軍說：「我們三人，均負國家安危的重任，洩密是國家的罪人，我們誰洩密，就自行舉槍自殺，以謝全國人民。」隨即掏出身上配槍放置在桌上。王知道事情已經敗露，即拾槍脅迫，眞像大白。王妻是日本人，槍是空包彈。

武漢三鎮的地勢非常險要，政治、文化、工商業，是歷來中國的重鎮，風景秀麗，古蹟很多，如黃鶴樓、蛇山、龜山、鸚鵡洲等都是聞名於世的風景重點，但因戎馬匆促，除黃鶴樓曾登臨，遊覽東湖以外，三鎮其他風景古蹟，只在蛇山和黃鶴樓高處遠眺而已，未能一窺全貌深感遺憾！

一九九一稿載於世界論壇副刊

黃鶴樓仙踪鶴影

武昌有前後城的稱呼，因爲蛇山橫亙在中央，以致交通顯得阻塞不便，但也形成武昌城比其他城池更爲險要。民國後黎元洪鑿開隧道，使前後山城內的交通，得以順暢。

蛇山闢建成爲城中最大的公園，蛇的頭部在江邊，與漢口龜山的嘴，隔江遙遙相峙，都築有砲台扼守長江，護維三鎭重要的軍事重地，成爲兵家必爭的地方。中華民國的誕生，是由武昌起義得到全國各地的響應，一舉推翻了五千年的專制皇朝，成爲亞洲第一個民主共和國。

武昌名勝首推黃鶴樓，樓在城西的黃鶴磯，壯觀見稱於世。前臨長江，後枕名城，登臨其上，面對大江，極目看長江自天際而來，又復向天際而去，像飄著的玉帶，一片煙波蒼茫。眺望百里美麗的景緻河山如畫，兩漢的全貌，雲濤江樹，咫尺千里，樓頭迎風佇立，頓感心境超然！西望赤壁古戰場的巍峨山嶺，鬱鬱蒼蒼與江河相接，想當年曹公揮數十萬大軍南下，飲馬長江，舳艫千里，旌旗蔽空，臨江飲酒，橫槊賦詩的時候，固一世的英雄，如今安在哉？顧我身如浮萍，浪遊於天地之間，渺小如滄海的一粟，哀人生的須臾，嘆名韁和利鎖，無窮無盡的追逐，徒勞神費力。帝鄉在那裡？富貴渺茫難以期待，我希望能效法古人，遨遊名山勝景，抱明月而長終，亦是人生的樂事。

黃鶴樓建於三國時代，公元二二三年距今已一千七百多年的歷史，稱天下的絕景。與湖南的岳陽樓、江西的滕王閣，並稱爲江南三大名樓。始建時只是三層木造樓閣，幾次毀於火焚、現有的建於一九八五年以鋼筋水泥三合土，以淸代重建的黃鶴樓爲藍本，改建成雕龍畫棟的五層樓；高五十一公尺，飛簷翹角，凌空欲飛，江風吹動風鈴，頗有黃鶴已去空留鈴音之感！

樓的得名，神話很多。山人子安，乘鶴曾經過此地，黃文緯登仙，駕鶴在此憩息，最爲人樂道的則是：辛氏在山頭賣酒，有道士常來飲酒，辛氏從不索分文，道士感謝他的情義，臨別的時候，取橘皮畫二鶴於壁上，拍手引之，鶴即飛舞，投米於井中，水即成爲甘醇可口的美酒。因此，酒不要工本，鶴又能侑酒，來客日多，遂成富有。十年後道士自空中下降，鶴亦飛舞，詢問辛氏的生意可好？答云：「好是好，只是豬沒有糟。」道士怪其太貪，遂駕鶴而去。辛氏感念舊情，建樓紀念，即以「黃鶴」爲名。唐朝崔灝的題詩：

昔人已乘黃鶴去，此地空餘黃鶴樓，黃鶴一去不復返，白雲千載碧悠悠；
晴川歷歷漢陽樹，芳草萋萋鸚鵡州，日暮鄉間何處去，煙波江上使人愁。

李太白譽爲絕唱，故有：

「眼前有景道不得，崔灝題詩在上頭。」後爲送好友孟浩然下揚州，寫了送別詩和聯爲黃鶴樓詠，寫出心中的感懷與美景，成爲千古絕唱：

一爲遷客去長沙，西望長安不見家，黃鶴樓中吹玉笛，江城五月落梅花；

故人西辭黃鶴去，煙花三月下揚州，孤城遠影碧山靜，惟見長江天際流。

何時黃鶴重來且倒金樽酒澆州渚千年芳草；

但見白雲飛去更誰吹玉笛江城五月落梅花。

爽氣飛來，雲霧掃開天地憾，

大江東去，波濤洗盡古今愁。

數千年勝蹟，曠世傳來，看鳳凰孤岫，鸚鵡芳草，黃鶴漁磯，晴川傑閣，好個春花秋月，只落得剩水殘山，極目古今愁，是何時崔灝題詩，青蓮擱筆；（按青蓮是李白別號）

一萬里長江，幾人淘盡，望漢口斜陽，洞庭遠漲，瀟湘夜雨，雲夢朝霞，儘多酒興詩懷，僅留下蒼煙晚照，放懷天地窄，都付與笛聲縹緲，鶴影蹁躚。（此長聯未署名）

從上面幾首詩聯中，深深知道黃鶴樓的景緻，開拓雄渾的勢魄和可以看到的美境。它建築在山上，面向長江，極目遠眺雲夢大澤和赤壁古戰場，隱現在眼中，長江從天際流來又流向無窮無涯的天際，使人興起思古的幽情，可說是天下之奇景也，雖有奇才妙筆，亦難描述於萬一，李太白說的：「眼前有景道不得，崔灝題詩在上頭。」因此只能抄幾首古人的詩聯，聊誌遊踪。

載於世界論壇報副刊

九江雄扼鄱陽湖

長江又名大江或揚子江，長五七〇〇餘公里，爲亞洲的第一大江。發源於青海省的巴顏喇山南麓，曲折南行轉向東行、經西康、雲南、四川、湖南、湖北、江西、安徽、江蘇等九省注入東海。

我從來沒有擁抱過大江，也沒有坐過大船，這次隨部隊調防，自武漢乘船順流東下，爲觀賞長江似玉帶般無涯無際、水天一色的雄偉勢慨，和沿岸美麗的風景，站立在船頭，椅欄眺望，四野空明，視界遼潤，草長鶯飛、繁花似錦，急浪排空，驚濤澎湃。長江的雄偉和兩岸秀麗美景，開拓了我的心扉，把我的思潮帶進充滿無窮無盡的希望和感覺。然而，「長江後浪推前浪，世上新人換舊人，」是千古的鐵律，任何人無法改變的事實。物換星移，功名利祿，像雲煙飄過、流水般逝去，幾曾爲人們停留?保持永恆!惟有立德、立言、立功者得以名留青史!永耀人間，芸芸衆生，只能與草木同腐，爲名忙，爲利忙，令人感慨萬千!

九江秦時置郡，其範圍包括江西全境，安徽、江蘇各部份，現爲江西省轄市。漢時稱爲柴桑，又名潯陽，枕鄱陽湖，傍椅廬山，上通武漢，下聯京滬，扼長江的要津，守鄱陽湖的咽喉，是江西水路出長江的大門，水陸交通的要衝，商業的集散地。三國時周瑜死於荆州，孔明曾來此弔喪。瑜死時曾有：「既生瑜、何生亮」憤懣不平的話，因此，東吳將領多有憤怒之意。然而孔明執禮恭謹，弔詞非常懇切，充滿哀痛悲傷，如失兄弟的情懷，使東吳的人士，無不敬佩感嘆；

九江的城西有琵琶亭，白居易的琵琶行長詩，膾炙人口，感人至深，後人築亭紀念。王漁洋題：

雪重寒江合，塞深鳥不飛；
秋煙何處是，知是瘐嶺磯。和琵琶行：
潯陽江頭夜送客，楓葉荻花秋瑟瑟，又是另一種風情。城中有潯陽酒樓，是一座很古式幽雅的老酒樓，建築在長江岸邊，風景極佳，生意鼎盛，相傳宋江曾在此酒。蘇軾題了門聯：

世間無此酒，
天下有名樓。

長江由吳淞口至南京的水域最深，寬度也最大，由南京至此的水深，仍可航行巨輪，往來暢通。由此至武漢，河面較狹，水亦較淺，巨輪難以航行，外來的貨物，必須在此轉運，與武漢轉運上游的情形一樣。因此，大小船隻結集在此，形成帆檣林立，商業繁盛可知梗概。

鄱陽湖古時稱彭蠡或彭澤，隋朝改今名，位於長江的南方，江西的北境。湖身南北寬中間細，有南湖北湖之分。面積二七八〇平方公里，爲我國五大湖之一。據傳：鄱陽盆地未成鄱陽湖以前，古贛江穿湖而過，流入長江。後來贛、撫、信、修、鄱等諸水滙聚成湖，春夏汎期，湖水漫漲，湖面有三千九百多平方公里，旱季湖面縮小只有五百多公里，原爲洪水所淹的湖灘，成了湖濱平原。

鄱陽湖納江西全境各河川的水，調節長江在雨季的洪峯極爲有效，亦造成江西爲中國的魚米之鄉。長江萬里東來，一瀉千里，自湖的北面而過。湖上萬頃煙波，風帆點點，柔媚秀麗，景色極佳。面積雖較洞庭湖略小，但水深則過之。湖的北端有一條瓶頸般水道，是和長江啣接的通路、廬山聳立於左，石鐘山橫峙右側、號稱「江湖鎖鑰」。石鐘山地勢險要，護佑著鄱陽湖、向歷爲兵家必爭之地，朱元璋與陳友諒、石達開與曾國藩均曾在此爭戰很激烈。三國時周瑜、清末曾國藩，均曾在此訓練水軍，以九江爲根據地。

景德鎭是江西瓷器製造的重鎭。明朝時瓷器工業藝術，極爲發皇，居全國的首位。所製成的紅釉、青瓷爲宮庭的貢品，至爲名貴。宮庭常作爲送外賓的禮品，友邦人士視爲至寶，聞名遐邇，世界各國博物舘多有珍藏。該鎭在明朝時與湖北的漢口、河南的朱仙鎭、廣東的佛山鎭，被稱爲全國四大名鎭。所產的瓷品，均運至九江滙集，運銷各地。

我部抵達九江，曾停留補給，因目睹景德鎭所產的瓷器物美價廉，各同寅均有採買，準備南返時致送親友。如今想來，實在太天眞，戎馬匆匆，戰事頻頻，怎能攜帶容易破碎之物？後來因攜帶不便，在沿途送給老百姓了。

一九九一稿載於世界論壇報副刊

廬山竹影幾千秋

廬山又名匡廬、牯嶺，屬江西省九江市，位於市的南方和鄱陽湖爲鄰，三面臨水，西鄰陸地，萬壑千岩，奇峯聳立，雲煙瀰漫，濃蔭處處？流泉淙淙，是避暑的聖地，身處其中，恍如在蓬萊仙山。

民國二十六年蔣委員長中正先生，在山上避暑時，得悉蘆溝橋事變，即在山上發表抗日宣言。上山的道路有很多，但大多取道九江。昔日登山，須走好漢坡山道。山道位於北坡峽谷、磴道高數公里，有錢人僱滑竿（俗稱轎）抬上山，一般人望峭壁而卻步，據聞現在不論從南昌或九江都已有公路可以直達。

廬山北臨長江、東、南鄱陽湖，控扼長江與鎮守江西大門。面積二五〇平方公里，有九十九個大小山峰、主峰九個，最高的是大漢陽峯，海拔一四八〇公尺。遊人較常觀賞的是：五老峯、香爐峯、遺愛寺、三疊泉、白鹿洞、東林寺、仙人洞、含鄱嶺、龍首崖等。其中白鹿洞有白鹿書院，朱熹曾在此講學。

牯嶺和含鄱口間新建一座蘆林大橋，築攔而成「蘆林湖」。含鄱嶺，鄱口上有傘形石，又曰望鄱亭，佇立眺望，鄱陽湖的風光，盡收眼底，煙波浩瀚，風帆點點，長江似帶，奔向東流。五老峯，拔地聳霄，沒有層疊的遮蔽，峯峯爭奇，峻峭雄渾，如插天的五根玉筍。各處的風景，勝美絕倫。但五老峯，香爐峯、遺愛寺間的風景，清幽美麗，又甲廬山各地。白居易於峯下築草堂而居，自謂：

捲簾看香爐峯色，枕欹聽遺愛寺鐘。

山中的流泉，是有名的勝景。孤峯拔地，絕壁造天，瀑落雲中，泉懸空際，青雲峽、馬尾泉與瀑布的水合流，下注龍池石潭。這簡單的說明，可以知道它的雄偉美觀。

佇立秀峯寺旁西望，有瀑布懸空而下，水練似一條白帶，流入百丈深潭，潭中的水質清甘而冽。流泉初時如雲絮般噴射在山石的間隙，衝激縈洄，往復盤旋，匯合成爲巨流。流泉似巨龍奔躍，水花似錦織雲霞、聲如雷鳴，使人的視覺、聽覺、以及神經，都有異常的感覺。

李白有「望廬山瀑布水」詩云：

西登香爐峯，南見瀑布水；
掛流三百丈，噴壑數千里。
欻如飛電來，隱若白虹起；

初驚河漢落，半灑雲天裡。
仰觀勢轉雄，壯哉造化功；
海風吹不斷，江月照還空。
飛珠散輕霞，流沫沸穹石；
而我樂名山，對之心益閒。
無論漱瓊液，還得洗塵顏；
且諧宿所好，永願醉人間。

日照香爐生紫煙，遙看瀑布掛前川；
飛流直下三千尺，疑是銀河落九天。

匡廬的風景，面對浩瀚的鄱陽湖，已構成美的景緻，而山上所有的景緻，出自天成，奇峯峭壁，巉岩怪石，流泉飛瀑，空靈深遠，博大雄偉的壯觀，秀麗甲於天下，馳譽於中外，自漢唐以來，詩人文士，騷人墨客，探幽涉險，不辭艱難，前來觀賞大自然的美境、題詠賦詩，遂成爲詩歌勝地。自山下望五老峯如芙蓉，故有：

一奩明鏡插芙蓉，積雪初晴翠靄濃；
萬疊好山看不盡，又添雲霧作奇峯。

李白譽爲，天下最美的勝境，他有「登廬山五老峯」詩云：

廬山東南五老峯，青天削出金芙蓉；
九江秀色可攬結，吾將此地巢雲松。

常謂余行遍天下所遊的山水，俊偉詭特，鮮能有過之者，匡廬眞是天下之冠也。山中的晴雨雲霧，出沒無常，變幻莫測。山上一年有一百九十多天的雲霧日，可以觀賞雲霧的變幻和雲海。春秋季常有令人神往的奇景，是雲的家鄉，霧的世界。雲霧構成山的美，水成爲山的秀，身在其中，有朦朧縹緲的感覺，蘇東坡有詩云：

不識廬山真面目，
只緣身在此山中。

青雲峽的天橋，聳立在危崖之中，上無可以攀登的路，下臨百丈絕壑。傳說明太祖朱元璋、陳友諒在鄱陽湖交戰，兵敗逃亡到此處，已面臨絕境，在危急的時候，一條巨龍自天而降，化成跨壑的虹橋，使太祖跨過後，又晴天霹靂，將橋擊斷，成爲斷崖絕壑。

吳東南先生寫了一首廬山頌：

歷代那麼多傑出文人

都爲它的秀麗山川叫好謳歌
就是叱咤風雲的政治人物
也爲它的無限風光而傾倒
它，不愧爲華夏第一名山
因爲它滙聚了山水之靈氣
當人們站在大漢陽峰下的含鄱口
既能窺見鄱陽湖的娓娓春光
又一覽大江東去浪淘盡的豪邁氣派
人們驚嘆：千古風流人物今何在？
它那鬼斧神工的山峰
千變萬化的雲霧
萬年常青的古柏
四季飄香的花草
與日月爭長久的飛流瀑布
叫人留連忘返，神彩飄逸
這裡發生過那麼多振撼人心的事件
早已寫入廬山的卷宗裡

永遠讓人們去追踪和回味

清朝乾隆皇帝，爲探訪民間的疾苦，五次遊江南，曾登山賦詩：

廬山竹影幾千秋，雲鎖高峯水自流，
萬里長江飄玉帶，一輪明月滾金球，
遠觀東北三千界，近視江南十二州，
好景一時觀不盡，天緣有份再來遊。

乾隆爲清朝第四代皇帝，在位六十年遜位，壽高八十有九，被譽爲福壽老人，文治武功卓著，是有清一代的明君。

一九九一稿載於世界論壇報副刊

安徽古今說從頭

安慶、蕪湖同爲安徽在長江的商、工業重鎭，全省物資多在此兩地進出。人口稠密，工商發達，帆檣迷津，往來不絕，一片繁榮景象。

安慶是舊時代的府治，曾是省府所在地，因爲較偏南方，乃北移至合肥。有美景十二，正觀門外大觀亭，是其中之一。亭爲明代知府陸釕所建，亭制宏偉，俯瞰長江，一水如帶，滾滾洪流，一瀉千里，景色壯觀。亭上懸聯極多，其中清朝長江水師提督李成棟題聯：

秋色滿東南，自赤壁以來，與客泛舟無此樂；

大江流日夜，問青蓮而後，舉杯邀月更何人？

安徽省位於長江中游，境內有；黃山、九華、龍泉、大潛、塗山等，其中黃山是著名的風景區。東控淮南，西倚武漢，南臨巢湖，北扼徐州。襟帶江湖，物產豐富，文房四寶：紙、筆、墨、硯。唐宋以來，文人雅士，無不喜愛。而境內宣州出產的紙和徽州出產的墨，俗稱宣紙徽墨，四寶境內佔了二寶，浙江湖州的筆，和廣東端州的硯各列爲四寶之一。其實安徽產的筆亦很著名：鳳眼竹爲管，山羊毛爲毫，質體柔軟，世稱徽筆，故宮博物院亦有收藏。

安徽的省會合肥，人文薈萃，代有名人，著者如：宋朝龍圖閣大學士包拯字希仁，剛毅正直，忠貞愛國，政風清廉，一絲不苟，宰廣東省端州時，每年例貢的「端硯」無數，自己卻不留一硯，宋仁宗召見時垂問自己有多少？回答一硯無存，乃御賜數方，其清廉無私，史記斑斑。李鴻章、劉銘傳均清末重臣。現在先說合肥地形和淝水之戰。

合肥的地形，非常重要，淝水自北經城西，注入巢湖，爲一道天然屏障，歷代爲兵家必爭之地，古戰場遺跡極多：城東校弩台遺址，是三國時魏將張遼的校閱台，逍遙津是孫權與張遼大戰之地，店埠鎮爲虞允文、楊沂中先後擊敗金人的地方，最聞名的是：東晉孝武太元八年（公元三八三年），謝安、謝玄叔姪以孱弱且少之兵，在淝水擊敗秦苻堅的百萬大軍。

謝玄本是讀書人，爲人沉潛剛毅，勇於任事，在秦兵壓境，東晉軍民心驚膽怯，惶惶不安的時候，由叔父謝安推薦統領全國微弱士卒，抗拒秦苻堅的強大軍隊。

謝玄臨危受命，首先安撫民心，鼓舞士氣，然後憑河守險，在叢林中設疑兵，搖旗擂鼓吶喊，馬尾拖著樹枝，往來奔跑揚起泥塵，疑惑敵人。叔姪更在敵人能看見的高崗上下棋，閒情逸趣，悠然無視敵人在對河虎視眈眈。此即師承諸葛孔明定靜明性，彈琴退敵的妙計。秦軍在敵情不明，虛實莫測的疑慮下，信心漸失，既不敢強行渡河，更不願就此撤退。

大凡勞師遠征，利在速戰，若不能一鼓作氣，克敵致勝，必成再三而竭。當秦兵氣勢漸弱，進退失據的時候，謝玄視各種情況已佳，有必勝信念之時，乃致書秦王苻堅，約期退後二十里，以作兩軍戰鬥場地。在進退兩難的情形下，苻堅毫無選擇，欣然同意。

秦兵至期後撤，行動剛開始，謝玄即掌握瞬間的機會，以精銳騎兵渡河切入，痛擊秦軍。百萬大軍已經開始移動，雖有特殊情況，一時亦難控制整個行動，以致後軍受敵，前軍不明情況，只聞喊殺之聲，震天搖地，悲號哀呼，令人驚惶失措。因此，軍令無法下達，士兵無所適從，形成風聲鶴唳，草木皆兵，狂奔亂竄，自相踐踏，百萬雄兵，瞬間潰散。古時通信困難，大兵團的行動，首尾更難兼顧，就是這一道理。謝玄能觀察入微，思慮周密，掌握局勢，以寡敵衆，實非倖致。

就整個事實的分析，謝家叔侄，實深得儒家：「定靜安慮得」的至理。歷來儒將用兵，皆秉此至理，戰勝敵人。如田單火牛陣破強燕，周瑜火燒曹營，陸遜破劉備八百里連營，均謀定而動，以少破衆。

李鴻章字少荃，封少保又稱少保或宮保，合肥人又稱李合肥，死後贈伯爵，是清朝末年頗受時議的人。緣太平天國叛亂之初，李是湘軍曾國藩的幕賓，且少時曾師事曾帥，有才幹、能擔當，受知於曾帥，著訓練淮勇。曾帥縮編湘軍時，舉淮軍以替代，爾後與湘軍齊名，漸受知於朝廷，平定東、西捻的亂後，受直隸總督，官至少保、宰相。

李當時確能高瞻遠矚，洞燭世界大勢，列強虎視眈眈窺伺我國，深知非建軍不能抗禦強敵，保護國家領土，人民生命財產，力陳建軍的重要。衆議咸同，乃有袁世凱小站練兵，選幼童出國留學，開辦講武堂，海軍學校，籌建海軍，設福建馬尾造船廠，建造兵船，定購巨艦，組織艦隊等等。一時興起逢勃的新氣象。這時李鴻章的聲望，可說到了最高頂，海內外同胞都寄於極大的希望。未料慈禧西太后，貪圖個人逸樂，罔顧軍國大計，強挪建軍的經費，鳩築頤和園，以致已定購的巨艦，無錢可付，被日本所買。李屈服在慈禧淫威之下，從此俯首帖耳。

朝鮮原爲我國的屬邦，光緒二十年（公元一八九四年）因東學黨的叛亂，日本竟藉機插手，導致中日的戰爭，渤海灣海戰，日本以新購巨艦，擊潰我國的海軍，華北、東北陸地亦受侵擾，俄國出面調停，遂由李全權主簽「馬關條約」，割讓台灣和澎湖。

湖自鴉片戰爭與英國簽訂江寧條約，割讓香港，租借九龍，以及本次的割讓台灣、澎湖。從此世界列強，深知中國雖有廣大的土地，衆多人口和豐富的資源，但政府無能，主事者顢頇，民心渙散，毫無國防。朝廷和當政者只知媚外苟且偷安，沒有振作圖強之心。因此，紛紛藉故逞強，無理要求，簽訂租借土地，口岸通商，把持關稅，劃勢力範圍，拆海岸砲台等等，中國的利益，完全被列強侵佔瓜分。土地通商口岸被租借的計有：德國膠州灣、青島，英國威海衛，法國廣州灣、湛江，俄國大連、旅順、東北築鐵路。光緒二十六年，八國聯軍攻陷北京，故宮寶物被掠一空，翌年訂立「辛丑條約」，准許五口通商，內陸設租界，內河航行、領事裁判，優惠權等等，從此全國廣大的膏腴之地，任由列強攫取，工業、商業、港口、關稅，均操在他人手中；國防重地，任由出入，主權喪盡，國亡無日。所有的條件，只要列強要求，淸廷均著李鴻章全權簽訂，李亦唯唯諾諾，毫無異議按照列強的要求簽訂。

李鴻章身爲宰相，身繫國家的安危，人民禍福，不圖挽救，只做乖乖牌，屈服於朝廷，聽命於列強，簽訂喪權辱國的條約，故有謔稱：「簽約宰相」。

李鴻章在青壯年時期，確實是一個有爲有守，高瞻遠矚的國家人才，但自年歲漸高，權位日隆以後，完全改變成懵懂糊塗懦弱無能，毫無魄力氣節骨格的人。而且用人不當連累了自己的名聲。如盛宣懷爲部長，負責採購物資，斂得財產無數，其個人在蘇州有廣大豪華花園別墅，現在的「留園」就是他當時的庭園，退隱後的安樂窩。因此，大家認爲李的財富，可以敵國。革命元勳丘逢甲親自題聯：

宰相有權能割地，孤臣無力可回天。

宰相合肥天下瘦，司農常熱世間荒。

李鴻章當時的建軍政策，可說是對症下藥，但未盡周詳。須知紀律與士氣，基本工業的建設，比武器更爲重要；工業爲武器最基本的武裝要素，沒有工業，怎會有武裝？國家的政治和經濟建設與社會安定的前導密不可分。如果只知兵事，而不知民政，知外交而不知內務，知朝廷而不知人民，知洋務而不知國務，那是斷章取義，昏庸之輩。其實軍事、政治、內務、人民、國務，都是治理國事首先要有深切的認知，才能掌控一切。身爲宰相對這麼重要的事，怎麼會忽略掉？

政治腐敗，強敵迫逼，國家已到了危急存亡的時候，非凝聚舉國上下的力量來改革難以挽救。國家興亡，匹夫有責，有志之士，如康有爲、梁啓超的維新，孫中山的萬言書，均是針對時弊，力陳改革重要的良方。按理李鴻章歷經列強迫害，受盡恥辱，應該深知改革的必要。以他當時的地位聲望，已至一言九鼎，且淮軍掌握北方軍務，他若贊成改革，成功的機率很大。後來連光緒皇帝，也知道必須改革的重要，而親自執行維新改革，惜慈禧西太后及保守派爲個人利益，極力反對。而李鴻章的態度，首鼠兩端，坐觀成敗，光緒帝憤怒之下，革了他的職，他竟仍向慈禧太后長跪哭訴。這時他已是七十六歲的老人，還有什麼事看不透？勘不破？他這一哭一跪，爲官做人的志節風骨已經完全喪失了，眞令人替他感到悲哀和嗟嘆！

曾國藩和他的關係不是泛泛之交，師生關係，知遇之恩，史記斑斑，無可否認的史實。他無曾帥是否有以後的成就，固難定論，以事實來說，是曾帥造就了他一生的功業。然而，他對曾帥，似無誠敬之心。在湘軍削編淮軍壯大後，軍務上曾帥有多次遇到困難，希望他支持，竟因某些細故而拒絕。世人常以曾、李爲清末中興名臣並稱，而曾帥的忠貞、平實、廉能、坦白、熱誠、穩重、氣度、志節、風骨等，都是儒家的傳人，李鴻章是難望其項背。唯一可以比擬的，就是「忠於朝廷」。

李對於「忠」是可以確定，當太平天國及東、西捻剿平後，他的兵力、權力、地位、聲望已至高峰而滿清皇朝卻搖搖欲墜，他若有異心，奪取滿清皇朝，唾手可得，列強也希望他取而代之。但他抱定「鞠躬盡瘁，死而後已」忠於清朝的決心，也眞的做到，於一九〇一年，在他七十九歲高齡病危時，與八國聯軍簽完「辛丑條約」後就逝世。

劉銘傳是淮軍的勇將，剿滅太平天國，他的軍功很大，平東、西捻練騎兵，克奏奇功，年三十六封爲男爵，曾任兩江、直隸、台灣總督。在台灣任內，多所建樹，築鐵路，興學校，讓台灣進步富庶，奠定了基礎，其功至偉。

一九九一稿載於世界論壇報副刊

滋陽雪夜飲馬血

部隊乘火車，在安徽北方工、商業重鎮蚌埠補給後，連夜北上，料將有戰鬥任務，在徐州留下業務單位，已經可以確定料想不錯。火車繼續前行，深夜一時許，抵達山東南方的滋陽。

這時砲聲隆隆，機槍噠噠，都可以淸楚聽到，旣經離戰地不遠。當晚在火車站前廣場設指揮部，就地露營。寒冬天氣，雪花飛舞，深夜嚴寒侵襲，雖極度疲累，但因背脊冰冷也難以入睡。天亮起來，遠觀近視，整個大地一片銀白世界，積雪已經尺餘，是一生難得的經歷，雖景色美麗，亦無心情觀賞。

整夜的砲聲和機槍聲不斷，至天明才停止。探知情況，砲聲來自棗莊。我部所屬一三一、一五六、一五九三個整編旅，已經參加救援整編第七十四師李靈甫的部隊。

李部是中國幾個機械化精銳部隊之一，周前被中共數倍的兵力圍困在孟良崮山區。山是機械化部隊在戰術上最忌的地方，李部不單進入山區，而且被廹退守在石山之上，毫無掩蔽，自己的戰車和大砲等重武器，不能裝置在山上。因此，任由敵軍的大砲轟擊，自己毫無還手的機會和力量，造成傷亡慘重。糧食、彈藥均告用完，援軍又被阻隔。在無糧可炊，無水可飲的情形下，只好宰殺馬匹，用馬的肉來充飢、血來止渴。這情形是到了人生最悲慘的時候。

山石堅硬，彈落如雨，縱然僥倖沒有被轟中，也會被流彈所傷。在傷亡慘重糧彈兩缺的情形下，援軍又不能及時到達，李將軍只好舉槍自殺，壯烈殉國。

中國歷古以來重視「忠烈」和「志節」，身爲軍人的將帥，精神負擔非常沉重，一旦戰敗，不能以身殉難，即被視爲苟且偷生，沒有志節和骨氣的人，爲當局和世人所唾棄。而身爲高位者，從來缺乏成敗的檢討，戰術的研究。李將軍一死殉國，對生靈塗炭，蒼生何補？國家何補？誠堪浩嘆者再！

載於世界論壇報副刊

微山湖畔台兒莊

微山湖是魯南、蘇北交界處的一個湖泊，運河從湖中穿過。據傳，是說部水滸傳梁山泊的舊址。河叉縱橫，蘆葦叢密，小舟和人若躲藏在裡面，是很難找到，梁山的大寨，漁人遙指，隱約可見。湖中盛產鯇、鯉、斑等魚類，每條重數斤，嫩滑鮮美，時值寒冬，冰雪封地，氣溫在零下十度，魚被網到，離開水面即告冰硬，成爲天然保鮮。因出產豐富，物美價廉，居留期間，每天大碗大塊的鮮魚肉。植物在寒帶地方生長較慢，形成魚肉比蔬菜的價格更爲便宜。

隋煬帝接通大運河，從河北通縣經微山湖、揚州、長江至杭州，全長一四四〇公里，爲我國著名的漕運大河。當時煬帝開鑿運河，征民伕十萬，毀良田無數，勞民傷財，爲一己遊樂的需要，被視爲虐政。以致民怨沸騰，烽烟四起，引致國破家亡。然而，今日時代不同，觀點也不同，歷史證明，是一項偉大的交通建設。

部隊奉命北上時，參謀總長陳誠將軍，認爲廣東人生性較靈活，適宜機動戰鬥，較陣地戰爲優；故北上後東奔西走，難有固定久留的地方。微山湖小住數日，即調防台兒莊。晚上奉命，限定明晚必需到達，兩地相距有一百四十華里之遙，普通人每天勉強可行百里，軍隊只能數十里，一旦需在冰雪中行走一四〇里，其艱難可以想像。但軍令如山，規定如此嚴苛，料想可能因軍情急迫需要。

氣候本極寒冷，奉令當晚天氣更壞，溫度更低，雪花飛舞，積雪極厚，凌晨更甚，平時踏著雪花行進，腳底雪花即變成水，今天卻變成硬冰。二時早餐後，三時即集合出發，途經運河一座橋，兩頭稍有傾斜，雪花經人馬踐踏，已光滑如鋼板，馬蹄上又鑲了鐵塊，硬碰硬的結果，馬滑跌情形嚴重，一經滑跌即難以扶起，以致阻塞行人車輛前進。只好犧牲馬匹，割了耳朵和尾巴，將屍身推進河中流走。

當天所經過的地方，杳無人煙，中共對「堅壁清野」，運用得極其澈底。因氣溫實在太低，隨身攜帶水壺所盛的清水，已經冰凍成爲硬塊，不能飲用。我押運糧食，器械，是用馬拖的板車儎運，行進較慢，落後部隊很遠，當時間已在晚上十二時，尚距駐地仍有二十里的路程，這在平時兩小時即可到達，現在飢寒疲累交相煎迫下，感到很遙遠！很遙遠！

部隊開拔至今已經二十多個小時，沒有喝過一滴水，飯更沒有了，這時眞是又飢又渴到了極點。偶然見到一小群跟不上隊伍的士兵在路邊小村吃飯，非常羨慕，顧不得顏面，向前討乞粥水，回說「粥水沒有，飯還有一碗。」眞是叫化子拾到黃金，喜從天降，捧著碗大口大口的吃，吃得香甜甘美，感覺從來沒有吃過如此好的美食。可是以後冷靜地細想：飯是馬車載運漏落在路上的米所煮，沒有時間揀淨沙粒，軍米谷多，趕時間用大火去炒，生的、焦的都有，然後用水沖煮。吃得甘美的飯，卻是含有沙粒、生、焦、沒有配料，沒有鹽巴，只用多時沒有人用的井水所煮成。在飢餓的時候人間最壞的食品，也變成最好的美食。

台兒莊，是魯南靠隴海鐵路內陸商業集散地，扼黃淮平原，形勢非常險要，中日戰爭曾經在此會戰。「台兒莊大捷」，是抗日戰爭初期，受世界特別注目的一次戰役。此役是李宗仁任總指揮，實際由任集團軍總司令的李漢魂將軍統率麾下三個軍和日本軍號稱所向無敵，最精銳的久留米師團爭鋒。該師團是日本人爲攫取外匯，改變倭小人種，而派出大量少女到我國身體強壯的山東地區做妓女，懷孕後即返國待產，嬰兒由政府集中撫養訓練，女的爲間諜，男的爲士兵。這批人的父親固然不明，母親也不能相認，是道道地地沒有父母的孤兒。沒有親情，只知有國家，被訓練成「服從」是唯一的天職，驍勇善戰，有鋼鐵般的意志，聞名已久。

李漢魂總司令，深知我部大砲的射程遠不及日軍，它可以射入我的陣地，我砲則不能及，乃一反大砲在步兵後面的常態，集合三個軍的砲兵，置於第一線，親自指揮砲擊日軍三晝夜，將日軍擊潰。他自己因身歷陣地，兩耳受震過烈，耳膜破裂，聽力大減，不適宜在戰地前方繼續指揮作戰，乃調爲廣東省主席。

此次急行軍到達台兒莊，什麼情況也沒有，也不是調防。除憑弔中日戰爭時遺留的斷垣殘壁外，四野寂靜，只有河水依舊日夜在流。大家說參謀總長在訓練我們學習機動吧！

載於世界論壇報副刊

至聖故鄉曲阜城

非常非常幸運，部隊在台兒莊小憩，即移駐中國文化精神保壘，孔聖的故鄉曲阜城，和亞聖孟子故鄉鄒縣城，而且在兩地輪流駐防時間很長，使我有機會瞻仰兩位儒家偉人。曲阜人談及鄉情，總是談及「三孔」而驕傲，三孔就是孔廟、孔府、孔林，俗稱「三孔」，現在略述「三孔」情形。

曲阜是二千四百多年前至聖先師孔子誕生的地方，相傳神農少昊和魯國曾在此為都城。曲阜之名：是由城東二十里的防山，西有「阜」逶「曲」綿延七八里而得名。城垣高兩丈，周圓八里多，有五個城門。分別：東門（秉理）、西門（宗魯）、北門（延恩）、東南門（崇信），南門（仰聖）即孔廟的大門，平時關閉，由城內側門出入。

孔子名丘字仲尼，春秋時魯國人，生於公元前五五一年，死於公元前四七九年，是周朝的聖人。曾代理魯國宰相三月而大治，卻為奸佞所忌，讒言於君侯，不為所容。乃周遊列國，飽嘗風霜雪雨，遭受顛沛流離，徬徨若歧路羔羊，喪家之犬；衛國受辱，宋國被困，陳國絕糧，齊國不用。說不盡刺心之痛，難言之苦，都以堅忍不拔、百折不撓的精神熬過。直至六十八歲回魯國，刪詩書，定禮樂，贊周易，修春秋，教授學生三千人，其中精通六藝者七十二人，後世被尊爲「至聖先師」。

孔廟的平面位置，由曲阜城北門至南門部份及西門全部，佔城內空間的大部份。由金聖玉振坊、大和元氣坊、至聖廟坊、聖時門、壁水橋、弘道門、大中門、同文門、奎星閣。左側德侔天地坊，快睹門，角樓、齋宿。右側道冠古今坊、仰高門，角樓、齋宿等地所構成。

「杏壇」在庭院中，是孔子執教的地方，四周石刻林立，均是歷代帝王名人墨寶所刻。千年以上的柏樹很多，高大蓊翠，濃蔭蔽日。有檜樹乙株，是孔聖親手所植，兩千多年來，雖飽經風雨，猶生趣盎然。清乾隆曾爲老檜樹題字。「杏壇」建築像亭子，置有鐘、鼓各一，花紋精細，銅線班剝，叩之聲音清脆，久久不息，是漢唐的古物。石碑兩塊：「杏壇」二字元朝黨懷英所書。清乾隆皇帝御書「杏壇贊」。

「大成殿」是孔廟最宏偉的建築，高十五丈，周八十丈，大殿九楹，正門聯：

先知先覺爲萬古倫常立極；
至誠至聖與兩間功化同流。

有「萬世師表」、「生民未有」、「與天地參」、「立中立極」四大匾，旁有聯爲歷代帝王所題，其中有：

德民生民溯地闢天開咸尊首出；
道隆群賢繞金聲玉振共仰大成。

殿內畫棟雕樑，施朱敷綠，華麗奪目。供奉的孔子聖像，係明朝弘治年間所製。高十公尺，聖容肅穆，面方，兩齒露唇外，鬚髯疏落，手執鎮圭，冠冕重裳，冕剩十旒，像前有三尺高的神主牌，書「至聖先師孔子神位」。牌位左右有：伯魚（鯉）、曾參，顏回、孟軻四聖，及十二哲神位，俗稱四聖十二哲。另有七十二弟子分配兩旁。像後有雕花屏風，龕前幢幕分左右捲，上有綠邊遮掩，想要瞻仰聖容得俯身仰視，才能窺見全貌。聖殿陳列的琺瑯供器五件，是雍正帝所頒贈，器呈杏黃色，頗爲華麗名貴。殿內柱上懸聯，是乾隆手筆：

覺世牖民，詩書易象千秋，永垂道法；
出類拔萃，河海泰山麟鳳，莫喻聖人。

大成殿有二十八條石柱，殿前各條是純白色玉石，浮雕成「雙龍戲珠」凸出蟠龍花紋五寸以上，精雕細琢，鬼斧神工，栩栩如生，持棒擊柱，各柱的聲音不同。屋頂金色琉璃瓦，樑簷漆成朱碧，成明顯對比，非常壯麗。殿兩旁及後簷石柱，皆雕美麗花紋。五百多塊楠木承塵，繪有金龍。殿前古樹和歷代帝王名人題碑極多。另大成殿東西兩廡，陳列碑刻和殿前的十三碑亭，藏漢、魏、唐、宋、元、明、清等石碑，共有兩千多塊，是各地藏碑最多的地方。

「孔府」又稱衍聖公府，在孔廟的東側，北宋仁宗至和二年（公元一〇五五年）仁宗賜封孔子第五十六代後裔爲「衍聖公」，就是孔廟的奉祀官。民國二十四年國府明令：「孔子裔孫一人永爲至聖先師的奉祀官，廢除『衍聖公』的封號。」

孔府正門懸明代書法家李東陽的手書「衍聖公」匾額；朱漆大門，八字照壁，頗有氣派。府邸爲九進，古典建築，規模宏偉。整座府第建構，分中、東、西三路的佈局，中路爲府邸主要部分，前爲官衙，大堂、二堂是處理公務地方，後堂樓爲宅第中心。東路有一貫堂，慕恩堂，孔氏家廟，用人房。西路有紅萼軒，忠恕堂，安懷堂，客房，花廳等，總計全部有樓堂四百六十二間，九個庭院，花木扶蔬，美奐美侖，古趣盎然。

「孔林」就是孔子的陵園，現在已經成爲中國孔氏的祖塋。在曲阜城北門至泗水之濱，墓基面積三千多平方公畝，比曲阜城的面積還大。

出北門，過萬古長春石牌坊，由大林門、二林門、經洙水橋、思堂至享殿，有百餘丈的石板大道，兩傍有高大柏樹，排列華表二，角端二，元豹二，翁仲二。翁仲高丈餘，右執笏，左按劍。享殿前有一鼎，升階入室，就是孔陵。墓前圍石欄，有鼎一座，墓碑正中的「大成至聖文宣王之墓」，是衍聖公孔彥縉所立。

孔墓背倚泗水，其南十丈處是孔子獨子伯魚（鯉）的墓地，是孔子指定的。因孔子在周遊列國途中得知獨子鯉因病去世，派弟子冉求，回曲阜協助其姪蔑，料理喪事。孔子一生重視周禮，特選定泗水之南原周公的墓地，埋葬兒子。他死後弟子把他葬在兒子正後方約十公尺處，其孫子思死後葬在左方與其父鯉的墓平排，距祖父，父親差不多等距，成爲一個直角的三角形。地理師說：「攜子又抱孫」形。泗水是古河，洙水在做墓時尚未有。傳說是秦始皇焚書坑儒而遷怒孔子，挖大溝引泗水河之水，從孔子和子孫墓前流過成爲泗水河的支流。因此形成：泗水河在孔墓背後，洙水河在三座墓前流過。本意是想腰斬孔墓的風水。卻未料造成孔墓風水另一格局。

地理師說：「二水夾三墳」。因此，人們流傳：「攜子又抱孫，世世立功勛，二水夾三墳，代代出能人」。

孔林內建築五十多座，兩千四百多年來，已傳裔孫七十多代，是中國大姓氏之一。裔孫衆多，代出能人，應了流傳的話。林中樹木繁多，有柏、楓、楡、槐、檜數十種，多爲千年以上古樹。濃蔭蔽日，環境清幽，令人留連忘返。因樹木濃密，大家稱孔林而不稱孔陵或孔墓。清康熙駕臨七次，乾隆亦有三次，盛況當可想見。

載於世界論壇報副刊

聖雄孟子的故里

孟子名軻字子輿，山東鄒縣人，戰國時的賢人，儒學大師，著孟子七章，為四書之一。重仁義，輕功利，宗孔子的道統，人稱儒中豪傑，聖雄孟子，深俱道德勇氣的思想家、哲學家。唐朝韓愈說：「堯以是傳之舜、舜以是傳之湯、湯以是傳之文、武王、周公、周公傳之孔子，孔子傳之孟軻，軻之死，不得其傳焉。」不單把他媲美孔子，且認自他以後，道統的傳承就此中斷。由於孟子繼承孔子的學說且有所發揮，歷古以來，世人都以「孔、孟」並稱。儒家學說形成封建社會制度的理論系統，對鞏固封建制度起了重大的作用。因此，歷代帝王都提倡尊「孔」，並追加孔子為「至聖先師」的最高榮譽，而對孟子繼承道統則尊為「亞聖」，孟廟也就稱「亞聖廟」了。

孟子幼年家貧，父親早喪，由母親撫養長大，幼時喜歡和鄰居的兒童玩耍，孟母乃遷往村南，因是市賈買賣論錢的地方，孟母深怕對孟子有不良的影響，乃三遷至縣城南門外，附近有學校才定居下來，送入學校。初，軻不肯用功讀書，常常逃學，孟母乃把織布機上的紗線割斷來感化孟子，這就是有名的「斷機教子。」孟母的賢德和偉大，爲世人所稱頌，「斷機」遺跡現仍存在。

孟廟建在鄒縣的南門外，是紀念孟子而建，經多次遷移改建，現在的是宋代宣和三年（公元一一二一年）在縣南斷機堂附近重建，規模宏偉，佔地四公頃，格局和孔廟相似，寬廣則遜許多，只能與顏子廟相似。大門有石牌坊題「亞聖廟」，從「養氣河」進入，是一個方整的大院。院內石碑林立，古木森森，濃蔭蔽空。殿由六進小院組成，正殿七間，宇高數丈，重簷拱斗，金碧輝皇，稱「亞聖殿」。殿廊上的大理石巨柱，雕刻著雲龍和牡丹花紋，雖極精緻，但遠不及孔廟大殿的龍柱宏偉。正殿東西廊供孟子的弟子及後世儒家學者的神位，殿後「啓聖堂」是供奉孟子父母的神位。

孟廟最引人注意的是：柏樹和碑林。共有古柏四百餘株，樹齡均在數百至千餘年，濃蔭蔽天，一片綠海，棲息白鴿無數。曲阜、鄒縣人尊稱孔子和孟子爲聖人，白鴿也稱爲「聖鴿」，無人敢捕吃。明代董其昌題：

愛此孟祠廟，森然見典型。

歷代名人所題的石碑三百餘塊，本是歷代帝君和名人的手澤，至爲寶貴，因年代久遠，管理又不如孔廟，以致多有毀損和風化，殊爲可惜！廟裡除了兩塊完整的漢碑外，尚有不少漢朝畫像石，在金石中也是屈指可數的珍品。

歷代王朝對「孔、孟」學說有利於專制封建統治的部份大加宣揚，而不利於他們的則加以曲解和刪削。孟子主張：「民爲貴，社稷次之，君爲輕」的民主思想；又說：「君若視臣如草芥，則民視君如寇仇。」這些話和主張，皆爲當時的國君所不滿，因此，孟子周遊列國，沒有一個國家的君候接納他的意見。至於堅持「富貴不能淫，貧賤不能移，威武不能屈」的高度正義節操，爲千秋萬世做人處世的典範，是古往今來一切堅持眞理者所遵循的銘言。這些可貴的銘言，後世正義與邪惡，在歷史性惡鬥的大場面中，發生過莫大的作用。

讀孟子所著的書，使人熱血沸騰，意志昂揚。他是性情中人，喜怒哀樂，表現確切明顯，沒有半吞半吐，合乎和平中正，至情坦蕩，光明磊落，激發生命的情操和偉大人格，感受鼓舞，至爲深刻。

載於世界論壇報副刊

沂蒙山區驚天險

殘冬已過，春去夏來，時間飛逝，北上已六個多月，部隊在魯南各地不停地移動，也重複駐紮過一個地方，好像眞的在做機動訓練。

由於我部是丙種裝備，所以汽車少得可憐，連部隊長都沒有吉普車，除了彈藥外，笨重一點的東西，如服裝、糧秣、器材、炊具等，大多是靠馬拖的板車來儎運，或肩挑手提，甚而大砲也由馬來拖人力協助，廹擊砲、重機槍都是由士兵肩扛。由於士兵必須背負自己的衣服、被席等，還得背米袋，不得已乃用長槍做担竿，挑各種東西，濕衣服也掛在槍上晒太陽，是司空看慣的事。因此，每次行軍，隊伍行進都非常渙散，毫無秩序，表現一副吊兒郎當，缺乏訓練有素的氣質。以前某軍閥的部隊，有長短槍各乙枝，號「雙槍」部隊，短槍卻是「鴉片烟槍」以致貽笑異邦，我部何殊像一群乞丐呢？

魯南廣大的土地，做過禮貌性拜訪後，逐漸從泗水、兗州、蒙陰進入「沂蒙山區」（蒙陰、臨沂所屬的山區），朝臨沂推進。山區雖沒有崇山峻嶺，卻道道地地是山的區域，舉目所見，盡是數十或百餘尺高的石山，一個個像饅頭或蒙古包一樣光禿禿沒有一根草樹的石山，在遼濶地區犬牙交錯所組成。山與山之間都是亂石和人高的芒草，沒有三尺的平地，視線所及「盡是峭壁斷崖，人員車輛行進，必須在亂石和雜草叢中像「蛇」一樣蜿蜒行進。沒有眞正的道路，更不會有指標，若沒有當地人做响導，實在很難順利通行。

每個山好像整塊岩石形成，從表面看不出有可以攀登的小徑。但據說：山是天然中空，經人工修鑿，山與山甚而整個地區的山，地底都有通道，也有出入門戶，瞭望口、槍口，只是外人不知道而已。他們出沒無常，形成敵明我暗。若藏身其中的敵人，乘隙偷襲，或居高臨下，會造成步步危機，眞是「一夫當關萬夫難越」的驚人天險。我部在進入山區之前，長官曾集合告誡，千萬別脫離隊伍，若單獨行動，會很危險。事實證明，在行進中，確有人員在不明不白中失踪。

這些石山，山東人稱爲「崮」，如「孟良崮」「抱犢崮」等等難以計數。「崮」有暗門可以出入，內部可以住人、儲糧、有山泉水。古時稱「山東响馬」的，就是藏身在這些「崮」中，邏者難奈其何？

部隊沿山區前進，一天麗日晴空，人員、馬匹、車輛，行經乾涸的河中，勿然烏雲蔽日，驟降大雨，山洪隨之暴發，洶湧浪濤，有似萬馬奔騰，瞬間淹沒河床，水深數尺，行駛在河中的車輛被冲翻，人員、馬匹、物品被浪濤捲走，流失了不少。未幾雨過天晴，水亦隨即退去，河床乾涸如舊，眞是「易漲易退山溪水」。

北上半年多，部隊除在滋陽棗莊參加救援李靈甫部隊，曾經戰鬥以外，未再有臨陣的機會，尤其司令部的直屬單位，聽不到槍炮聲的機會很大。現在部隊奉命馳援戍守南麻的部隊，第一次眞正看到戰鬥的實況。

南麻是由中央嫡系部隊整編第十一師胡璉將軍戍守，是特種裝備，幾個裝甲機械化部隊之一，戰鬥力很強，被共軍數個縱隊包圍在南麻已經旬日。我部奉命解圍，在綿綿夏雨的季節，行動非常艱難，且必須兼程趕往，且因天雨連綿，陸路補給困難，空投又天氣惡劣，以致斷炊數日，廹不得已在戰地採割將熟未熟的高粱裹腹。

我是部屬軍官，不單不需要參加戰鬥行列，也看不到戰鬥實況，這次指揮部離戰地很近，爲好奇心驅使，冒著大雨爬上山頂觀看，雖共軍的機槍不停掃射，且已有多人受傷，仍伏在地上窺看戰爭實況。眞是「機槍洞身如蜂窩，砲彈爆炸血肉飛」的慘狀！怵目驚心，不禁浮現：同是中華民族，同是炎黃子孫，我不知道參加戰爭旳千千萬萬同袍，有幾個認知是爲主義而戰？爲民族生存而戰？他們懵懂無知，只知自己是軍人，軍人應該聽命於長官，效忠自己領導人的地位、權勢和思想而奮戰，犧牲自己的生命在所不惜，做一個愚忠的人，抛骨荒郊而無怨無悔。他們沒有想到父母尙在倚閭盼望，妻兒盼望他回來！自己也是軍人，不敢想也不忍卒睹，其誰之過？

在內外夾攻下，雙方苦戰多日，終告解圍。然而，此次戰爭非常激烈，雙方死傷慘重，遍野都是屍體，時值炎夏，暑氣迫人，屍體迅速腐爛，蛆蚷亦隨之而生，多日大雨，滿地泥濘，人行在地上，蛆蟲和稀泥粘在脚上，使人感到極爲噁心。所謂「一將功成萬骨枯」、「可憐南㡡原野骨，猶是深閨夢裡人」。此役又犧牲了多少青年，多少深閨少婦，日日夜夜盼望他的親人回來！誠令人吁嗟感嘆！

一九九〇年稿載於世界論壇報副刊

登泰山而小天下

南麻戰事結束後，稍作整補，繼續向北行進，馳往臨沂地區。因第八軍李彌部隊被困在該城，奉命趕赴救援，與二十五軍並肩作戰，（恢復軍師制）並由該軍軍長黃伯韜指揮。原駐在蘇、皖北、魯南部隊，均由范漢傑指揮，現范漢傑調往錦州。

九連山是護衛臨沂城外圍重要的據點，形勢險峻，易守難攻，不幸反客爲主，爲共軍佔據，威脅臨沂城的安全，和對外交通補給孔道至爲嚴重。共軍駐守重兵，九個山頭可以連成一氣，亦可各個獨立，以致逐山激戰，費時甚久。所幸天氣晴朗，空軍協助，得以事半功倍，終獲順利完成任務。

臨沂事了，繼續向西北行，進駐泰安縣，遙望泰山有似巨人，仰之彌高，故有「登泰山而小天下」之說。自從渡過臨沂河，已脫離魯南沂蒙山區，雖然環視遠近仍多山巒，但多已樹木叢密，土地也呈現肥沃現象。山東整個地區，除沂蒙山區較貧瘠外，其他地區的地質，均很肥沃，農產亦非常豐富，只是缺乏水利，尚未開發而已。

泰山又稱東嶽，亦稱岱山，位於山東中部泰安縣境，面積四百多平方公里，最高是玉皇頂，海拔一五四〇多公尺。神話中說：「人死後靈魂將歸山林，皇帝崩逝後，回歸山林與玉皇帝君相見」。

泰山爲五嶽之首，因歷代皇帝朝敬泰山，而有封禪儀式的誕生。登山的道路，上古時代原是羊腸小徑，峭壁懸崖，嶇崎難行，不單車馬不能暢通，行人亦需要攀登山道十公里，七千多石階，才能登上山頂。（現在從中西路乘車至黑龍潭上中天門，轉乘登山纜車，七分鐘可達南天門）。爲便於帝王登臨，山雖高陡峻峭，不惜花費無數人力、財力、物力，依山形鑿開一條丈許寬的石磴道，設計橫隊形抬轎，坐轎人與抬轎者並行登山，使坐轎者不致傾斜或仰望，身份高貴者還有多人在前面縴纜而行，以防萬一滑跌。

登山後，首先看到岱宗坊，岱宗廟。相傳古時曾有七十二位帝王上山封禪，見諸史籍的只有：秦始皇、漢文帝、武帝、唐太宗、玄宗、清康熙、乾隆皇帝等。封禪的地方，從正陽門經遙參亭，沿配天、仁安門、三官殿、炳靈殿、信道堂、駐驛亭，後寢宮、碧霞宮（該宮是用鐵柱銅瓦所建），岱廟天貺殿。

岱廟主體建築天貺殿內有鐵塔和銅亭，殿中供奉東嶽大帝。庭內石碑林立，有秦相李斯的小篆碑，漢張阡碑，衡方碑等。廟東西兩壁，有三、三公尺高，總長六十二公尺的彩色壁畫，俗稱：「泰山山神出遊圖」，向東的叫「啓蹕圖」，向西的叫「回鑾圖」。圖昀佈局，兩幅畫大致相同，只是分「啓蹕與回鑾」而已，藉表山神出遊的盛大場面，展示帝王的威嚴。場面氣勢磅礡，人物有六百七十二人之多，個個身份不同，衣飾神彩各異，配以車馬儀仗，山川樹木，亭台樓榭等，佈局嚴謹，疏密相間、繁而不亂，多而不雜，處理得有條不紊，難能可貴。可惜的是這幅畫雖是很珍貴的古代藝術，相傳是宋朝的作品。因天貺殿幾經修葺，壁畫免不了有些毀損，已失去原作豐貌。即使如此，花紋仍舊簡練，樹石多樣，色彩鮮明等，亦足以表現宋代院體畫的風格。

泰山的岩石，傳為二十多億年前地殼變動所形成，是世界上罕有的古老山嶺。斗母宮東北刻有「經石峪」三字，是北齊韋子深所書。石峪是一整塊大斜石，和蘇州虎丘千人石相埒，石刻隸書金剛經，字大徑尺，古勁雄渾，爲泰山石碑中的珍品。

五大夫松——五松亭，史載「秦始皇登泰山時，適逢大雨滂沱，夜宿松下，雨亭，衣服絲毫未濕，感謝松樹的幫助，封爲大夫」。

南天門連鎖雙峰間，地勢非常險要，大有一夫當關，萬夫難上的情勢。佇立觀坐，風景如畫，咫尺千里，氣象萬千，盡在眼中。登泰山而小天下，信不誣也。

泰山石碑群，是奇景之一。大觀峰有摩崖碑，是唐玄宗親筆所書「記泰山銘」全文一二〇〇字。明時葉彬刻「孔子小天下處」，清康熙皇帝等名碑很多，也是歷代各朝皇帝封神的道場。

玉皇頂是觀日出最好的位置，若時值秋高氣爽，最爲適宜，每當旭日東昇，雲消霧散，日出時的一變一動，都可一覽無遺；先是漆黑，漸由黑中顯一黃線，線下仍是漆黑，線上面顯一條魚肚白色，繼而白色加寬，轉爲淡紅，玫瑰紅，刹那一團鮮紅火球躍然昇起，灑遍大地，成爲金黃色世界。

一九九〇年稿載於世界論壇報副刊

濟南山水李清照

山東省位於太行山之東而得名，春秋時魯國的屬地，簡稱魯，面積一四六七三四平方公里，東部爲半島沿海地區，西北屬黃淮平原，中南部爲山岳丘陵地帶，除泰山以外，徂徠山、抱犢崮、博山等，都只有數百尺以下的石山和丘陵。水文地理方面，除流經西北部的黃河以外，有蓮河、大小汶河、臨沂、北膠、大沽、泗水等河。但因各河川流域地區缺少崇山峻嶺，而且山嶺多是石山，缺少泥土，樹木無法生長，難以蓄存天然餘水，造成中南部水資源非常缺乏。然而黃河流經西北地域，水資源豐富，使這些地區土地肥沃，農作物產豐富，且省屬地區約有三份之一伸入黃海、渤海灣，形成遼東半島地區土地肥沃，物產豐富，盛產西梨、蘋菓、葡萄等水菓，以及葡萄釀成的美酒，聞名全國。深水優良港灣、如膠州灣青島，渤海灣萊陽、威海衛、煙台、芝罘等都是著名的風景區，商業、軍事等重要港灣。

濟南市原名歷城，西元一九〇四年開闢爲商埠，津浦與膠濟兩條鐵路的交會點。交通非常繁忙，商業極爲興旺。地理位置爲中國沿海的中部，形勢非常重要，南控泰嶽，叢巒疊翠，北帶黃河，沃野千里。城建在千佛、玉涵、錦屏、鵲華、木柱等衆山環繞的盆地中，有內外兩城；內城圓周十二里，有七個門，外城有十個門，商業集中在西關外。城因群山環抱，更有黃河天險，易守難攻，自古至今爲兵家必爭之地。

濟南城雖不能說是水鄉澤國，但因群山的水注入城內，形成一個大湖，湖濱種植很多垂楊綠柳，環山又有充沛的泉水，因此家家有泉水，戶戶門前有垂楊的美麗風光，景色至爲迷人。兼之歷史悠久，名勝古蹟很多，所以黃山谷說：「濟南瀟灑似江南。」毫無誇張。

大明湖在濟南城內西北隅，佔城地的三分之一。眺望湖景，瀰漫無際；每當黃昏破曉，漫步湖濱觀賞，湖岸垂楊披拂，湖中蘆蒲齊茂，荷花搖曳生姿，清香陣陣，透人心肺，湖水不深，碧綠見底，水鷗浮沉，游魚可數，景色非常秀麗，堪稱濟南的特色，足與杭州西湖媲美。眞是：

四面荷花三面柳，一城山色半城湖。

湖中有鐵公祠、歷下亭，杜工部詩中說：「歷下此亭古，濟南名士多。」亭中有乾隆題碑，李白、杜甫、亦曾在此吟咏。滙泉山，北極廟等點綴著湖光山色，輝映於蒼煙暮靄中，別有一番幽趣。

千佛山本名歷山，在城郊三公里處，相傳大禹曾躬耕於此地，故又名「大禹山」。山上有千佛寺，始建於六朝，歷史久遠。旁有佛岩，依岩的高低雕成大小佛像千尊，故名千佛山。山上樹上蓊鬱，敞亭曲徑，樓榭連接。遊人墨客四時遊覽相宜。登高遠眺，風景如畫，俯視濟南全境，歷歷在目，北望黃河，蜿蜒如帶，眞是：「座看雲起處，群山繞廓佛千尊」的勝景。

漱玉泉，是濟南市七十二泉之一，與其他衆多山泉沒有特別之處，只因是著名女詞人李清照的故鄉，而李又以她的詞集「漱玉」爲書名，而名噪當世。李清照生於北宋號易安居士，父親李格非，官至禮部侍郎，外祖父王拱辰是狀元及第。生性慧聰，天資穎悟，自小深受家學淵源薰陶，又肯用功，詩文詞畫，造詣很深、詞更出類拔萃。年二十嫁同年齡的趙明誠爲妻。趙父爲當朝宰相，亦家學淵深，喜好文學，且肯用功研究，著有「金石錄」一書，名滿天下。該書集先秦、漢、唐彝鼎、瓷器、石刻，詳加考銓而成，全書三十卷，當時清照亦參加研究，每晚以一枝腊燭爲限。

他們婚後的生活，非常幸福美滿，閨房之樂，常以研究工作競爭中獲得，如某書某行所記載的事物爲標示，對者爲勝，輸者煮茶等等。在競賽中妻常勝夫，而丈夫的心中常感不服。趙明誠宰臨滋縣時，清照寄了一首詞到任所，趙竭三日的時間塡寫了十五首詞，將其妻寄來的詞雜入其中，請名家挑選第一首，經大家一致選定，即下面其妻清照寄來之詞：

薄霧濃雲愁永晝，瑞腦噴金獸；
佳節又重陽，寶枕紗橱，半夜涼初透。

東籬把酒黃昏後，有暗香盈袖，
莫道不消魂，簾捲西風，人似黃花瘦。

清照是唐、宋、元三代傑出的作家，她和李太白、李後主（煜）並稱詞家三李。她的作品清新脫俗，纏綿悱惻，現錄思念夫君所寫的一首：

香冷金貌，被翻紅浪，起來慵自梳頭，
任寶奩塵封，日上簾鈎。
生怕離懷別苦，多少事，欲說還休。
新來瘦，非關病酒，不是悲秋。
休休，這回去也，千萬遍陽關也則難留。
念武陵人遠，煙所秦樓，
惟有前樓流水，應念我終日凝眸。
凝眸處，從今又添一段新愁。

北宋徽宗皇帝，因爲任用非人，群小弄權，又眷戀名伎李師師，引致盜賊四起，烽火遍地，金人乘隙南侵，汴京被陷，二帝蒙塵，夫妻逃難江南，途遇盜賊，財物被掠一空，受盡顛沛流離的艱辛痛苦，到達南京，夫婿雖然獲得朝庭眷顧，任命爲湖州太守，但因病榻纏綿，尚未上任即不幸去逝。那時她只有四十九歲，遭遇到如此悽慘，誠令人一掬同情

之淚。她寫了兩首悼亡詞，

其一「武陵春」：

風住塵香花已盡，日晚倦梳頭，
物是人非事事休，欲語淚先流。
聞說雙溪春尚好，也擬泛輕舟；
只恐雙溪舴艋舟，載不動許多愁。

其二「御風行」：

籐床低帳朝眠起，說不盡無佳思。
沉香煙斷玉爐寒，伴我情懷如水。
笛聲三弄，梅花驚破，多少春情意。
小樓疎雨蕭蕭地，又催下千行淚。
吹簫人去玉樓空，腸斷有誰同倚？
一枝折得人間天上，沒有人堪寄。

從上面兩詞中可以看出她相思之深，哀念之切。對南朝政治，也常憤憤不平，「南渡衣冠少王導，北來消息憾劉琨！」批評何等嚴峻！感懷身世，人情冷暖之痛，有一封給工部尚書胡松年的詩最後一首：

> 䅎家父子生齊魯，位下名高人比數；
> 當時稷下縱談時，猶記人揮汗成雨；
> 子孫南渡今幾年，飄零遂與流人伍，
> 欲將血淚寄河山，去洒山東一抔土！

李清照生於官宦之家，嫁於官宦之家，夫妻恩愛，生活優裕，可說自小至婚後四十九年間，是過著溫馨幸福快樂的日子。世局丕變，河山變色，奔波逃難，艱難困苦，財物被搶，有丈夫在，雖然生活困頓，心情仍快樂幸福；但自夫君死後十多年的漫長歲月，孤獨窮困，世情冷暖，故交斷情，遠避金華，度其晚年。其作品存世不多，殊爲可惜！

載於實踐季刊

黃河滾滾幾時清

部隊到達博興縣境黃河南岸。這是我到過中國廣大土地的最北端。當我站在河堤上眺望，看到一片黃色迷濛，浪濤洶湧，無涯無際的滾滾江水，心中有無限的感懷和興奮。中國四大河川：長江、黃河、珠江、黑龍江，除後者我都擁抱到了，多榮幸，多高興啊！

黃河是我國第二大河，發源自青海省巴顏喀喇山東麓，經甘肅、寧夏、綏遠、山西、陝西、河南、山東入渤海，全長四六七〇公里。因流經高山和西北黃土高原，坡度非常陡峭，以致水流湍急奔馳，衝激山土，水夾著泥沙變成黃濁色，且永遠黃濁。所以有：「黃河清聖人出」一語，說明經黃土高原無法改變黃濁的事實。傳說自黃帝以來，只有舜帝和周文王出生時，河水曾經澄清過，即使傳說是眞，周文王至今已三千一百多年。「俟河之淸、人壽幾何」？國父孫中山先生，畢生仁心義行、大公無私，關懷國家興亡富強，人民疾苦憂樂，犧牲奉獻，毫無一已之私，是繼承古聖先賢的傳人。事實認定他確實做到立德、立言、立功三不朽，足以媲美古聖先賢，卻未見黃河的水澄清，何其難也!?「所謂聖人出黃河清」是耶！

非耶！

黃河之水，自高原直瀉而下，短短千餘公里的高低斜度，幾近兩千公尺，水像天空飛躍而下，故有：「黃河之水天上來」，其斜幅之大，世界河流罕有。波濤湧急，氣勢磅礴，其急湍舟船難以航行，除上游人民用羊皮筏順流而下，也只能下而不能上。且因流水夾著黃土高原的泥沙，日久年深，河道被淤積在地平之上，沿河築堤，水在堤中流瀉，春夏雨季，河水泛濫，常有潰堤的憂慮。

黃河之水，既不能利用於交通航行，亦難作爲飲食之用，每逢雨季來臨，河水暴漲，萬一河堤崩潰，必定造成人民生命財產的損失，難以估計。整條河水流程，除了少數挖溝渠灌溉外，只有河套地方受益，除此只有害處。蓋因河套地勢稍高，且有山屏障，不怕河水爲患，更因水漲時，帶來泥油，反而是天然的肥料，對農作物有很大的助益。故有「黃河百害，一利河套」之說。從典籍中記載，黃河既經有七次改道，就是潰堤所造成。

自夏禹治水，黃河首次改道以後，周、漢、宋、金、明、清都曾經潰堤改道，第七次也是最近的一次，在清朝咸豐五年（公元一八五五年）。每次潰堤改變河道，人畜傷亡無數，田園廬舍財物，化爲烏有。新河道、新河堤的開發建築，又需要很久的時間，耗費人力、財力、物力，在一毀一建之間，國家和人民的損失，難以估計，黃河之害，大而深矣。

然而，我中華民族孕育在它的流域，成長在它的懷抱，發展以它爲中心，它是中華民族的精神之柱，中華民族十多億人民的寄賴。它的雄偉，它的壯闊，難以盡書，「黃河禮讚」

可知梗概！

我站在崑崙山上，看青海長青，祁連長白，看黃河之水天上來——滾滾流向東方。
積石山，岷山，西傾山，崢嶸屏列，層巒疊嶂，把東流的一河——結成九曲廻腸。
蘭州金城，河西鎖鑰，一片孤城，白雲遠上；
賀蘭山下，寧夏天府，遠出塞外，浩浩蕩蕩。
飛躍下龍門，奔流過砥柱。
渭水，汾水，像你伸出的臂膀，
中條太行，是你天然的堤防。
濁浪排空，驚濤澎湃；橫貫了千里平原，朝宗海洋。
啊！黃河！你是傳說中的神龍，夭矯飛躍在中國的大地上！
古中國的文明，在你身邊孕育；無數中華的兒女，在你懷抱中成長！
啊！黃河！你經過幾千年歷史的戰亂，目睹過多少王朝的興亡。
你也曾受過異族的踐踏，分擔過古國的憂患。
啊！黃河！今天你流過荒蕪的大地，嗚咽地訴說著災難創傷！
明天你將看到無數中華兒女，帶著歡笑，邁著堂堂的步伐——
奔向你的身旁！齊聲歌唱！

益都是古代的青州，有東西兩個城池。部隊駐紮在此整補時，我奉調為營部軍需，到徐州後方接替吳衍盛君。受命之後決定在益都坐飛機直往徐州。啓程前夕，接到堂兄麟祥自上海來信。自一九三九年，我去了香港，迄今已八年多，雖常有書信往來，但無機會見面。此次趁調職之便，決定飛青島改坐輪船經上海乘火車赴徐州，獲上峰同意。然而當我到達上海，照著通訊地址去探望，所有的人都說不認識，後拿出信件證明，才得相見。探查原因，是他現在的工作，不能和外界接觸。在如此情形之下，相見雖然歡慰，也深感索然，原擬作數日盤桓，只好放棄。當晚即乘京滬夜快車轉津浦火車到徐州。

載於世界論壇報副刊

龍吟虎嘯帝王州

徐州是古代九州之一，轄地包括今江蘇徐州，山東兗州、安徽宿縣、泗縣。今地屬銅山縣，是江蘇省最北端的一個城市。相傳堯帝曾封彭祖於此，故稱爲彭城。楚懷王和西楚霸王項羽，曾建爲都城。因此有：

龍吟虎嘯帝王州，舊是東南最上游；
青嶂四圍迎面起，黃河千折夾城流。

黃河在第七次未決堤改道前是經城北出海。在決堤時，城池非常危殆，當時蘇軾喚起百姓築堤防堵，才免了一次災害。居民感懷他的功德，除了增築城垣，並在東門建一座黃樓和紀念亭紀念他的功德。蘇軾字子瞻號東坡居士，眉山人，蘇洵長子，官至翰林學士，兵部尙書，宋朝文學家。北關有夏禹治水時留下的鐵牛，後人築牌樓書：「大河當前」以爲紀念。明朝畫的「黃河萬里圖」仍可看到河跡。

城南有霸王戲馬台和范增墓外，尙有吳季札的「掛劍台」。公爲吳氏始祖太伯第十九代，賢而有才，父壽夢和諸兄均愛之，欲將王位相傳，謙不受，固強之，遂避居封邑—延陵，躬耕於野，世稱「延陵季子」。曾先後出使齊、魯、鄭、衛諸國，賢聲遠播；當其出使北過徐境時，徐君心喜公的佩劍而不敢言，公心知「因使上國」擬待返時再獻，而返時徐君已死，乃解寶劍掛徐君塚樹上而去。從者曰：「徐君已死，尚誰予乎？」公曰：「不然，始吾心已許之，豈以死背吾心哉。」其持信堅守之深，一般人很難做到。後孔子嘉之曰：「延陵季子，生於夷蠻（公生於江蘇古時稱爲蠻方）知書識義，聞樂知政；明足以知樂，信足以輕物，義足以讓國，觀人情，識國體，與其祖仁德揖讓十九代如出一轍。」歷代帝王多有褒封，最難得孔子一生僅爲公寫墓碑曰：「烏呼有吳延陵君子之墓，」世稱十字碑。是一代賢人，孔子猶極仰慕。

徐州地勢，非常險要，黃河未改道前流經東北，成爲天險。現在北方有獅子山，西有平頂山、南有雲龍諸山。成爲拱衛徐州的屏障。翻過山頭，便是無涯無際的黃淮平原。津浦、隴海兩條鐵路，在此縱橫交會，成爲東控連雲，西接開封，南衛南京，北拱北京。歷古以來是兵家必爭之地，中日戰爭，日軍雖挾其精良裝備，亦難越雷池，迨國軍達成目的，才轉移陣地。

雲龍山有徐州公園，爲人民遊憩的勝地。假山、池塘、花園、樓台、亭榭等設計均極精緻幽雅，花木扶蔬，景色宜人，銅山圖書舘設在其中，典藏豐富，拐角亭，是唐代薛能陽春亭故址。放鶴亭是宋熙寧間張天驥所建，在亭中飼養兩隻白鶴，朝放晚歸，宿於亭中，亭旁有碑，刻淸乾隆帝御筆詩；

雲龍山下試春衣，放鶴亭前送晚暉；
一色杏花紅十里，狀元歸去馬如飛。

鷄鳴山又稱子房山，是紀念漢開國元勳張良而聞名，建有張良廟。門聯：

五世報韓終有恨，
一時興漢本無心。

張良字子房，戰國時韓人，他的祖父「開地」相韓照侯、宣惠王、襄哀王。父親「平」相釐王、悼惠王，父子相韓凡五世。悼惠王二十三年，父死、韓也被秦國滅了。那時張良還年輕，未出仕韓國，幼弟及家人三百餘口，悉被秦軍殺害，無法埋葬，暗賣全部家產，尋覓刺客行刺秦王，爲韓報仇。在淮陽見到倉海君，獲得一位大力士，能飛舞一二〇斤重鐵鎚。在秦始皇東遊至博浪沙，他和大力士狙擊秦始皇帝，誤中副車。秦王大怒，索他於天下，乃更名改姓匿居下邳。偶於圯上巧遇隱士黃石公，贈送治世良書，說讀之可爲王者師，治亂謀國的賢士，後輔佐劉邦得到江山，爲漢朝開國第一功臣。

燕子樓，是唐朝尙書張建封爲愛妾關盼盼所建。盼盼爲一歌伎，工詩詞，善歌舞，以霓裳羽衣一曲成名，美艷冠一時，被尙書收爲侍妾。張死後，諸歌伎風流雲散，只有盼盼矢死不嫁，獨居燕子樓，日以詩文度晨昏，集所作詩選三百首，名曰「燕子樓集」。後因白樂天有；「爭教紅粉不成灰」的詩句，而絕食身亡，美艷義烈，爲後人敬慕，故燕子樓保存至今，並爲題詠：

北坵松柏鎖愁煙，燕子樓頭思悄然；
冠劍因埋歌舞散，香消紅袖十三年。

徐州因位於江蘇北方與安徽、山東、河南鄰界的大都市，又是東西、南北兩條鐵路貫穿其間，成爲軍事、政治、商業的重鎭，市面繁榮熱鬧，雖內亂戰爭方熾，魯南戰火不斷，砲聲隱約可聞，難民絡繹於途，哀鴻遍野，路多餓殍，而市面無一絲一毫戰亂情景，似乎人心已死，仁義蕩然。大家只圖苟安於一時，爭名奪利，貪圖享受，歌舞昇平，笙簫不斷，秦樓楚館，摩肩接踵，一擲千金而不吝嗇，拔一毛而利天下不爲，心中不禁浮起：

商女不知亡國恨，隔江猶唱後庭花。
瀋陽失陷休回顧，更把阿嬌舞幾回。

的兩首詩句。誠令戰地歸人，感慨萬千！

通信營後方業務留守處，在離徐州十里的九里山，乍聽好像是楚漢相爭的決戰地方，其實雖稱九里山，也多山環繞，但山不高也不險，絕不是當年楚漢相爭的戰場。後查典籍，才知道「九里山垓下」是在安徽省靈壁縣東南，距徐州已百餘里。

西楚霸王項羽，下相人，少有奇才，力能扛鼎，秦末從叔父項梁舉兵叛秦，梁死後代領其軍，羽擁楚懷王之孫「心」仍爲楚懷王，伐秦時帝言於諸侯，先入關者爲王。劉邦與諸侯大破秦兵，入秦關，還軍灞上，等待楚軍，羽入關後，殺秦王子嬰，焚咸陽城，自稱

「西楚霸王。」違背懷王「先入關者爲王」的規定，降懷王爲義帝徙之長沙，復持兵力強大，逐先入關之劉邦，引致以後相爭，爲劉邦所敗，被韓信智困於「九里山垓下」。與八百餘騎潰圍逃至東城，只餘二十八騎，遁逃烏江，自刎身亡。項羽之亡，有很多因素，最明顯的，自持武勇蓋世，「力拔山兮」，看不起非門閥出身的劉邦。毀楚懷王先入關者爲王的誓約，而失信於天下。毀義帝招致不仁。愚昧昏庸過於自信，不聽軍師范增的建言，明知劉邦將後必成禍患，在鴻門宴中不殺之，且封爲漢王。帳下才智之士如韓信不能用，軍師建議要用則重用、不用則殺之，竟優柔寡斷，失去當年伐秦時「破釜沉舟」的決心，因循猶豫卒爲劉邦羅致，敗壞了自己的江山，毀滅了自己的生命；關中帝王之都不要，而遷建四戰之地的彭城爲國都，只爲「富貴不還鄉，如衣錦夜遊。」其高傲、不仁、失信、愚智、猶豫、偏愛等諸多不該爲帝王者應有的心態和行爲，安得不身敗名裂!?

我到達徐州後，首先向軍司令部留守後方負責單位報到，然後清點庫存物品，前方每天會打來無線電報，據此爲人事異動，各種補給，列表辦公文到徐州軍司令部後方洽辦，上午去下午回來，那時沒有交通汽車，只有坐馬或步行。在此僅住了一個多月，部隊已從益都移駐即墨縣，爲青島外圍守衛部隊，徐州後方各單位奉令遷駐青島。

載於世界論壇報副刊

海上花園譽青島

青島的美麗，公認是「海上花園」。月前我由濰縣坐飛機到青島，除在滄口機場，坐車經四方到市區，適逢中紡十一個紡織廠放工，馬路兩旁全是女工萬頭晃動，記憶猶新以外，當晚即坐船去上海，青島的倩影心目中毫無印象。此次奉命歸制，由徐州坐津浦鐵路南下轉京滬鐵路東行至上海，再坐船到青島。當船到達膠州灣外，看到像螃蟹雙鳌般的兩個山，進口右方的山，就是被譽爲「海上花園」的青島市。山上樹木蓊鬱，濃蔭遮蔽，一片青綠，這就是「青島」的由來。

青島市三面向海，是山東半島一顆閃亮的珍珠，避暑的勝地，戰略地位極其重要；聯絡南北、呼應中原，爲中國沿海重要軍港，扼渤海灣的咽喉，爲中原和東北的守護神，從海上到天津只有咫尺之遙。半島境內的萊州、蓬萊（登州）、煙台、威海衛、龍口、芝罘半島，都是深水港，且多是海軍的基地。

膠州灣外，可遠望到嶗山，嶙岫紫翠，煙霞幽幻，如神仙境界，故有美的青島，壯的嶗山之稱。嶗山海拔一一三〇公尺，三面向海，峰巒疊嶂，峭壁千仞，林木叢鬱，景緻秀麗，山上常見有紫色氤氳，好像是神仙居住的地方。丘處機詩云：

卓犖嶗山出海偶，霏微靈秀滿天衢，
群峰削至成千仞，亂石穿雲一萬枝。

山上的古蹟甚多，神話也多，爲青島外圍遊覽的勝地，山勢雄渾，蜿蜒到青島，與瑯琊山隔灣相峙，像螃蟹雙螯般護佑着青島。

船入大港，海水湛藍，一碧如洗，青山蒼翠，隱現紅樓白壁，帆檣林立，艦船首尾相接，海灣棧橋直插入深海四四〇公尺，橋頭有八角亭，迴瀾閣，是觀看海景最佳的地方。白天漲潮時，銀珠飛濺，波濤洶湧，高達丈餘，直撲橋上，驚險壯觀。夜間橋上燈光，閃爍如一串夜明珠，水珠飛灑，又似銀珠四射，美麗壯觀。棧橋南不遠處有小島名小青島，屹立海中，隔海遙望，山石聳峭，蒼松翠蔭，一片青黛，上建燈塔、教室；塔尖粉牆，掩影綠樹叢中，兩地美景，加上海景，眞如詩如畫般美麗。

青島原屬即墨縣的漁村，荒涼偏僻，人口稀少。一八九七年德國藉口有傳教士被殺，強行租借（中日馬關條約後第一個不平等條約），作爲在遠東發展軍事、經濟的基地。經二十年悉心經營，建設大小兩港，闢市場、濬船塢、建砲台、築膠濟鐵路；由青島穿越山東半島至濟南，長三九四公里，工程浩大，花費巨資，爲外國人在遠東投資最大的一件。青島從此不僅成爲軍港，亦爲商港。

大港築有近一五〇〇〇呎棧橋伸入海中，上有雙軌鐵路，兩旁有大小碼頭停泊船隻，貨物可由船上直接吊上火車，運輸極其方便。一九一四年德國發動第一次世界大戰，我國和日本同為協約國的一員，青島是我國的土地，德國戰敗後應該歸還我國。但日本竟蠻橫持強奪取。迭經交涉無效，迨一九一九年五月四日北京大學學生發起轟轟烈烈劃時代的運動，聯合北京所有大專學校學生三千餘人罷課遊行，抗議巴黎和平會議中列強將德國在山東省所有權益歸日本繼承。全國學生和工商界亦罷課、罷工、罷市聲援，最後北洋軍閥曹汝霖、章宗祥、陸宗輿丟官，這種「外爭主權，內除國賊」的愛國運動，經一個多月達到目的。

青島收回後闢為商埠和軍港，一九二九年設青島市，成為山東省進出口貨物的商業中心，和中國的海軍基地，海軍學校。第二次世界大戰後，美國太平洋艦隊，多到此地渡假，成為觀光休憩的勝地。

市區經德國、日本和我國先後規劃建設，成為混合式的形形色色，德式、日式、中式琳瑯滿目，各有特色。德國統一規劃時，因係處女地，規劃較為方便，圖樣顏色統一設計，嚴格執行，配合市政發展，市容極為美觀，依山傍水，將污水流注入黃海深處（其時沒有環保觀念），故一切美化清潔。後來日本和我國也極注意，繼承前規，更為宏偉。整個市區，依山沿海闢建一條長達三十里平坦廣濶的大馬路，兩傍種植法國梧桐，綠蔭夾道，花木嫣紅，點綴其間。商店整齊美觀，行道清潔，車輛來去無塵囂氣氛，市不揚塵，蚊蚋絕跡，是我國最清潔的城市。市區東南依山闢為商業區—中山、遼寧、大馬路商場，巨廈連雲，鱗次櫛比，海濱浴場，公園集中在這一地區。

海水浴場有：匯泉、湛山、大港等處，以匯泉的條件最佳；位於匯泉岬與公園之間，兩岬環抱形成大海灣，沙灘平坦，海水湛藍而清潔，各種設備，一應俱全，附近有茶樓、酒館、舞廳、咖啡館，設備精雅，經濟實惠。

公園以中山爲名的，分一——六個及濱海、棧橋、四方、府側、觀象山等十一個大公園，各種植很多花木，把青島變成大花園。在衆多公園，以中山第一公園規模最爲寬濶，佔地千餘畝。入口處有數百株古樹，行道寬大平坦，兩旁種植法國梧桐，整齊茂密。分區種：桃、杏、李、蘋果，面積均很廣濶。櫻花是日本的國花，日人管理時特闢一條櫻花路，全部栽種櫻花，春暖花開，初無樹葉，滿地錦繡，一片花海。池塘、小橋、曲徑、大草坪、亭台樓閣，點綴佈置，匠心獨具，充滿詩情畫意。附設動物園，珍禽異獸甚多，是遊人觀賞的好地方。各公園均有很多勝景，身置其中，使人樂而忘返。

此次我部調駐膠東，是警衛青島，防區含蓋即墨，諸城、高密等鄰近青島的縣份，一五六師駐諸城，一五九師駐高密、一三一師爲機動部隊，軍司令部設即墨縣南城陽。地區遼濶，兵力不足，裝備又不精良，防守力量非常脆弱，因此，諸城、高密，均曾受中共攻擊包圍，幸一三一師援救及時，始免潰敗；然而一五九師四七五團在平度三戶山，有兩營官兵犧牲慘重，至感哀悼。

一九四七年秋，一三一師奉調南返廣東省海南島，爲新制訓練。所謂新制是戰鬥單位和業務單位分開，官兵薪餉由專責財務機構，按時到部隊當面發放官兵薪餉，這是避免吃空缺的壞習慣。至於主副食，除青菜發給代金以外，如豬肉、米、豆、油、鹽和辦公用品紙筆墨等，均由經理機構發給實物，用意至善。但政府在動亂時期，各種生產，很難掌控，除財務主食衣物外，後來均未能貫徹執行。

南城陽距青島市僅數十里，膠濟鐵路仍可到達。每天早上由青島開出，下午回來，還算方便。因防地仍是戰區，原駐守徐州的後方人員仍留駐青島，我任職軍部直屬通信營，分配駐在大港碼頭倉庫，距司令部僅數公里。市區交通其時尚少公車，多爲人力車或馬車，人力車因市區依山形建在山坡上，上坡時吃力，下坡時又急，深怕直衝而下發生意外。馬車費用昂貴，軍人待遇菲薄很少搭乘，因此，多以安步當車。

安頓好後方事務，遄返營部駐地—南城陽，向營長報告一切，和各同寅小聚。就在此次認識房東之女王瑞金小姐。通信營全部官佐共有七十二位，是所有營單位軍官最多，因爲通信屬技術單位之故。大家離開廣州已半年多，部隊沒有停留過大城市，現在下午有火車到青島，明天早上有火車返回單位，交通非常方便，因此輪休到青島來玩的同寅很多。

冬天又將來臨，北上至今雖尚未周年，已經歷多次大雪紛飛；武漢第一次感到好奇，微山湖台兒莊行軍，深深感到寒意，以後逐漸麻木，現在青島飄雪，又是一番景象，好像置身在一幅圖畫中。全青島市的花樹，冬天葉落，顯出光禿禿的枝椏，雪花飄落在樹上，就像盛開的白色花朵，晚間燈光迷濛，大地像燦銀世界，照耀枝頭成爲火樹銀花，清麗美艷，好看極了。汽車行駛，因很多斜坡路深怕滑撞，車輪必須綑縛鐵鍊，才能行走，這又是一番情景。

農曆年前，留守青島各單位，奉令歸建。在這半年多在青島，除處理業務外，早晚觀看海景，聽海濤澎湃，汽笛嗚聲，白天逛公園，滙泉岬戲水，晚上陪前方回來同寅吃飯、洗澡堂、打茶圍、跳舞。這種生活，是快樂還是頹喪？悲哀！不可諱言，青島給我很多美好的回憶—寧靜、美麗、潔淨，尤其和女友王瑞金小姐共乘馬車漫遊公園，浴場戲水，聽海濤，看晚景，令我有難以忘懷的旖旎、溫馨和懷念。

載於實踐季刊

空留遺憾南城陽

即墨和莒縣，是山東省遼東半島東部最邊陲的兩個縣城，再往東就是渤海，在兩千多年前它是中興齊國的名城。戰國時代，山東是齊國的土地，國都設在臨滋城，國勢強盛，人民安樂，燕國是戰國七雄之一，在齊國的北方。當時是比較弱小的國家，隨時有被齊國侵略的危機。其他秦、楚、韓、趙、魏，也怕齊國的強盛，會影響到他們的利益和發展。秦國更虎視耽耽想滅亡六國統一天下。但他遠在關中，想侵略中原各國，一定會引起六國的結合，大家也不想和他太親近，以免惹來禍患。因此，燕國只聯合楚、韓、趙、魏攻伐齊國，並推舉燕國大將樂毅為統帥，率五國的精兵，進攻齊國。一路勢如破竹，連陷齊國的都城臨滋和歷下等七十餘城，齊國已瀕臨滅亡。僅有志士田單和王孫賈，退守莒縣和即墨城，再退一步就是大海，即無死所。乃團結一致，擁輔太子田法章，與父老約法三章，撫輯流亡，編組民衆，修築城廓。

燕軍屢攻不下，乃停止攻擊，改採懷柔政策。田單則利用時間換取空間，到燕都散佈對樂毅不利的謠言。適逢燕昭王暴斃，太子惠王即位，聽信謠言，認為樂毅在浪費公帑，曠日費時，不能一鼓作勢消滅齊國，實是很大錯誤。乃改派騎劫替換，樂毅恐怕禍害及身，逃亡趙國。

騎劫接替樂毅後，放棄樂毅的懷柔政策，改用殘暴手段：掘齊人祖先的墳墓，割俘擄的鼻子，壓迫齊人投降。未料適得其反，這些都是齊國人民最痛恨的事，引起齊國人民更震怒，更團結，更激發同仇敵愾的精神，一致以打敗敵人，恢復河山爲目標，不惜一切犧牲，設計詐降，獻美女、牛酒、金銀、珠寶，以驕敵人之心。然後用火牛陣攻破聯軍，殺騎劫，恢復河山，中興齊國，再成爲七雄之一。

南城陽，是即墨縣靠近青島的一個小村，沒有市街，沒有商店，每逢三、六、九日爲市集，附近村人用騾馬或獨輪車——俗稱鷄公車，駝載著物品前來買賣，有點像古代的物物交換，我們說是赴墟，他們說是趕集。

北方的房屋多坐北向南，經濟較好的爲四合院，上下各一廳兩房或四房。上廳房是主人房，下廳房是子孫居住，東西兩側爲雜物或牲畜間。家中人口多的則雜物牲畜另作安排。房屋選定坐北朝南有兩個原因：一爲迷信龍勢由北方來，再則北風尖利，向南能躲風也較暖和，如因地形限制，也會用轉斗門向南。

營部住在王家，我歸制後，很自然住在一起，而且因和王瑞金小姐已經時常玩在一起，她的祖父母也很喜歡，要我住在鄰房。那是主人房的另一間，是有暖炕設備，若不是她祖父母關愛，是不可能讓外人住的。所謂暖炕是在廳兩側的房間大半用磚塊砌成約兩尺高，架橫木幹、舖木板，再舖泥，裡面是空的，後面有通氣孔。廳上有灶，一般三餐主食在下廳，經濟較好的上廳用煤炭日夜燃燒，經濟不好的在上廳煮食，燒火時熱氣從坑裡經過至通氣孔排出，留存在炕裡的熱氣，可以保持坑床的溫度，雖然天氣寒冷在下大雪，坑上仍很暖和。

新春下了幾次雪。下雪時好像一定吹北風，一次我因公事必須冒大風雪到北城陽搭火車去青島，南、北城陽相距僅四里，我走了兩小時才到達。因爲連續數天下雪，除較高的地勢被大風括走積雪，看得到地面以外，其餘大地積雪數尺，很多深溝積滿了雪，看起好像平地，一次我誤踏深坑，掙扎好久才起來。當天風急雪又濃，一片迷濛，看不見三尺外的人和樹木，行三步，被風吹倒退兩步，且必須順著看得見的地面行走，無法直行，眞可說是：「舉步維艱」的解釋吧！這次冒大風雪去搭火車，行前已穿戴整齊；頭上戴著有護身的絨帽，眼架著風沙鏡，戴口罩，頸上圍著毛絨巾、身上穿著厚衣，認爲這樣就不怕風雪了；其實不然，當到達車站，身上感到冷溲溲，原來衣內滲入了很多雪花。

在飄雪的時候，滿天飛舞，大地一片銀白，景色清新，可以享受自然美麗景色以外，還可以雕雪人，打雪戰，在冰封的池塘裡蹓冰，跳舞，亦是人生一樂事。北方的寒冬、春初特別捉魚的方法；即在冰封的河川裡，鑿開一個洞，讓陽光或燈火照射在洞口，可以很容易捉到魚。因爲魚在水中也需要空氣，一見有陽光魚兒也知道有陽光的地方就有空氣，所以很快聚集，那時只要有捕魚的工具就很容易撈到活潑蹦跳的鮮魚，但瞬間就僵硬了。

歸制後，軍部高層人事大調動。軍長黃國樑因病請辭獲準，由一五六師師長劉鎮湘昇任。現在三個師師長：一三一師師長張其中（蕉嶺），一五六師師長張至岳（梅縣），一五九師師長鍾世謙（五華），巧的全是客族人，而且均屬嘉應州人。我歸制後，只負責自己職務內的工作，較之徐州、青島時負責後方全部事務，輕鬆多了。王家小姐去年冬畢業後未再升學，住在家中，每天均可見面聊天，偶爾也共同到青島遊玩。

時間過得很快，去年深夏部隊調駐膠東，歸青島市警備司令丁治盤將軍指揮，現在又是第二年的深夏，部隊奉命與第二十五軍組成第七兵團，總司令由二十五軍軍長黃伯韜將軍升任，副司令由我部前軍長黃國樑出任。調往魯南地區，在江蘇省連雲港登陸，沿隴海鐵路向西攻擊前進至新安鎮駐紮。軍部暨各單位後方設在江蘇省會鎮江，我仍成爲營的後方負責人，在青島分別登船。

現在補述今年三件私事：一、祖母盧太夫人今年八十大壽，我遠在北方軍務繁忙，無暇南返。承軍長劉鎮湘題字刻匾祝賀，我購買高麗人參一斤，阿膠二十斤敬致祖母做補品賀壽。阿膠是山東省東阿縣的名產，用騾馬的皮和骨加中藥熬製而成，功能強身補氣，家鄉以「錢、分」論價，此地以斤計售。二、胞妹蘭嬌和同鄉鄧德華先生結婚。三、叔父奉祖母之命，一再來信要我早點結婚。我和王瑞金小姐相交經年，彼此了解情深，乃申請結婚，遺憾的是，此時適巧部隊奉命他調。眞是：

緣訂三生恍如夢，空留遺憾南城陽。

載於世界論壇報副刊

龍蟠虎踞石頭城

南京在長江下游，一九二七年國民政府建爲都城，面積五五九、二七平方公里。它的城牆是用大麻石築成，故稱石頭城。鍾阜龍蟠，石城虎踞，雄偉勢氣，出自天成，風景秀麗，古蹟衆多，常爲帝王的都城，是中國歷古以來六大名都之一。原名建康，三國時孫權曾定都於此，其後東晉、宋、齊、梁、陳均在此建立都城，統稱六朝都會，共兩百餘年。

戰國時，建康是楚國的屬地，人稱有王氣，楚威王恐怕有人造反，信風水先生之言，埋黃金鎮壓，故稱金陵。秦統一天下後改稱秣陵，三國孫權改稱建業，築石頭城。東晉復稱建康，六朝改爲集慶，朱元璋改爲應天府。明成祖遷都北京，改應天府爲南京（江寧），經歷三國南北朝至明朝，不斷建設，開鑿山渠，廣築城廓，擴建宮殿，以雄偉名聞華夏。

城依天然地形建築而成，城周六一里，南北長十里，東西寬五、六里，外垣一二〇里，城垣以中華門爲最高，高達三十餘公尺，分多層和三道甕城，甕城東西兩側有登城馬道，城墻內築有藏兵洞二十七個，大者可容納千人。城墻厚平均七公尺多，可以並馬奔馳。城上碉堡兩千座，垛口一萬三千餘個，形勢完善，固若金湯。原先城門只有十三個，後又增築了十一個，共有二十四門，令人難以記憶，乃撰成流行歌：

三山聚寶通臨府，洪武朝陽鎮太平；
定策金川連鍾阜，儀鳳清涼到石城。

城內有鐵路，明故宮飛機場。商業中心以府前路，新街口最爲熱鬧。以前的王公貴族的花園大宅，到處都是。

朱雀橋邊野草花，烏衣巷口夕陽斜；
舊時王謝堂前燕，飛入平常百姓家。

這首詩是唐朝劉禹錫咏嘆東晉朝開國元勳王健和淝水戰爭統帥謝安，當時住在朱雀橋邊烏衣巷裡的貴族豪門，以後衰落的情景。這情形在南京城裡有很多興敗情形。物換星移，盛衰時替，不禁令人興嗟嘆息！

長江自城北東流出海，自南京至吳淞口的水域，水深十五公尺，寬一、五公里，狹處亦有一里，巨大的輪船，均可航行停泊。長江護維東北，成爲天然屛障，鍾山、棲霞山崗巒起伏，拱衛着南京。江南水鄉澤國，平疇無垠，人民康樂富裕。

城裡城外，古蹟勝景頗多，六朝的皇帝，爭強好勝，廣建宮殿，美奐美侖，豪華冠一時。鍾山紫光，棲霞楓紅，玄武巨龍，莫愁秀麗，雨花神話，秦淮紅粉，長江晚暉，都是南京的名勝。每一名勝，秀麗幽美，天然景色，令人嚮往。南京既是歷朝六都之一，興衰事很多，略述一二：

李煜字重光　五代十國之一南唐末主，喜愛文詞詩畫，尤其「詞」稱詞中之帝。統治江南廣大土地，身處五代十國攻伐爭奪，動盪不安之秋，不思擴展軍力，以保護權位，漠然無動於衷，只求國家平安，民衆康樂，以願已足。迨趙匡胤佔有大部份天下，爲求苟安，奉宋正朔，只因兩次詔命婉拒北上，宋太祖深爲不滿，乃遣曹彬、潘美，水陸並進，攻陷南京城，被擄北上汴京，封爲違命候。太祖暴崩，太宗即位，改封隴國公。

後主之妻小周后，美艷多才，太宗深爲喜悅，竟罔顧朝綱，君臣之義，欺侮臣妻，更欲爲禁臠，藉故說後主塡詞懷念故國，有不臣之心，賜飲牽機毒酒身亡，年僅四十二歲，小周后悲愴至極以身相殉。

後主的文學藝術造詣極深，若非生長帝王之家，又遭逢世亂，成就必爲中華文壇放一異彩。現錄爲小周后所寫的：「菩薩蠻」，及被擄後所寫的「破陣子」，代表他前後期的作品。

菩薩蠻：

花明月暗飛輕霧，今宵好向郎邊去；衩袜步香階，手提金縷鞋，
畫堂南畔見，一向畏人顫；奴爲出來難，教君恣意憐。

破陣子：

四十年來家國，三千里地河山，鳳閣龍樓連霄漢，玉樹瓊枝作煙蘿，幾曾識干戈？

一旦歸爲臣虜，沈腰潘鬢銷磨。最是倉皇辭廟日，教坊猶唱別離歌，揮淚對宮娥。

明太祖朱元璋　平定金元，即皇帝位，國號「明」，年號洪武，定都南京，在洪武二十五年四月，太子標病死，九月改立太子次子允炆爲皇太孫，即以後的惠帝，年號建文。太祖在位三十一年，享壽七十有一，死後傳位給皇孫，在位僅四年，太祖四子燕王朱棣，爲奪江山，以清君側爲名，自封地大都（今北京）揮兵南下，攻陷南京，城破之日，惠帝化裝逃離南京至雲南，削髮爲僧，據說原寺仍在。燕王奪位成功後，稱成祖號永樂，遷都大都。因地近山海關，後李自成攻陷北京，崇禎自縊，吳三桂向清廷借兵平亂，引狼入室，清兵佔據北京，全國即受影響而逐漸滅亡。

太祖死後和馬皇后葬於南京城外紫金山南麓玩珠峰下，是太祖在洪武十四年自建，陵園佔地廣濶，從南端的神烈山碑算起面積超過七百公傾，陵地內有一座「神功聖德碑」記述太祖的功績。墓園名孝陵，謚號高皇帝，與孫中山先生的陵寢南北遙峙，墓道兩旁有巨大石雕象、馬、駱駝、和文武翁仲。享殿爲正寢及十二檻，其後寶城是明太祖和馬皇后合葬處。城上的明樓僅存四壁，明樓北的圓形土山便是獨龍阜，是埋骨處。陵園原極雄偉，惟自燕王遷都北京後，照顧較少，復經歷六百多年，洪楊之亂和日軍侵華戰爭，已荒煙蔓草，頗多毀壞，所賸斷碑殘碣，錯落於西風殘照之間，供人憑弔浩嘆興衰感時而已！

太平天國洪秀全　廣東花縣人，信西教，曾和曾國藩上京考試不中，且三次落榜，乃對清廷忿懣不平，於道光末年，在廣西省桂平縣金田村，以民主、自由改革政治爲號召，起兵叛亂。因清兵入關後兩百多年來，排除漢族，壓迫殺戮，政治腐敗，捐稅沉重，民不聊生，故一呼百應，風起雲踴，不數年大江南北，悉爲所有，清咸豐三年，攻陷南京。斯時也，整個中華同胞，均寄於厚望，世界各國，亦希望出現民主自由的政體。然而洪秀全不圖一舉推翻滿清的專制王朝，改造中華爲民主自由共和國。竟利慾薰心改變舉義時的民主自由初衷，自稱爲天帝，以太平天國爲國號，定都南京，大封特封部將爲王爲侯。部將爲了權位，貪圖享受，且因利益不匀等問題造成將相不和，爭權奪利，互相猜忌，甚致自相殘殺，放棄大好機會，予滿清王朝喘息的機會，卒爲曾國藩所滅，其本人於同治三年自殺身亡。翼王石達開，出走貴州、四川時曾慷慨題詩：

揚鞭慷慨莅中原，不爲仇雠不爲恩，
祇覺蒼天方瞶瞶，權憑赤手拯元元；
三千攬轡悲羸馬，萬衆梯山似病猿，
我志未酬人亦苦，東南到處有啼痕。

孫中山先生　倡議國民革命，推翻滿清皇朝，締造中華民國，定都南京，人民尊稱爲國父，於十四年十一月十二日病逝於北平，十八年陵寢建成，奉靈櫬安置於南京鍾山的山坡上。鍾山有三座東西並列的山峰，主峰北高峰海拔四百六十公尺，其餘兩峰分別爲天堡山和茅山。中山陵即座落於茅山南麓，陵園結構自山谷至山腰，依山形勢起伏而建，崗巒並列，屏障完整，左有明孝陵，右有靈谷寺，墓道一四五〇尺，有石牌坊，刻「博愛」二字，到達陵門，再經二九〇級石階，才到達陵墓。正門刻「天下爲公」，門後有碑亭，沿石級至祭台；祭堂有三扇拱形門，門楣上各刻「民族」、「民權」、「民生」。在民生門上刻「天地正氣」，堂中有國父坐像，四周刻有精緻浮雕，記述國父生平事跡。由祭堂而北經兩扇銅門入墓室，（平時不開啓）室中央有大理石圓穴，深丈許，中間置長方形石棺，上有國父石雕臥像，其下安葬國父遺體，石穴上方圍大理石欄杆，瞻望穴內石像，須俯身才能看到，這是使謁陵者必須俯身行禮的奇特設計。國父畢生致力國民革命，推翻滿清王朝，建立民主自由的中華，一代偉人，享受國家之隆儀，受萬世人民的崇敬。

國父在南京就任中華民國臨時大總統的地方，座落長江路一所大院裡，現在是南京城內重要的遺蹟。遠在明太祖朱元璋時在此建築爲帝宅，後爲清朝兩江總督衙門，太平天國攻陷南京，改爲天王府。一九一一年十月辛亥革命成功，十二月二十九日十七省的起義代表，在此地選舉孫中山先生爲臨時大總統，一九一二年元旦，晚上十時孫先生自上海前來，即在大院裡隆重舉行大總統就職大典，從此中華民國正式成爲民主自由的國家。可嘆的是，全體國民不能同心協力，建設新中華，竟爲個人權力地位爭奪鬥爭，把大好建國機會，白白浪擲掉。內亂頻仍和日本軍閥在南京的暴行，數百年的大院，已經蔓草叢生，荒蕪破敗，滿目瘡痍，誠令人不堪回首感慨萬千！據報載：中共爲保存歷史偉大紀念，已將大院的總理辦公室和起居室等修復，完整如初，成爲歷史寶貴遺蹟。

鍾山又名金陵山，東晉時因山上常瀰漫紫紅色雲彩，是因山上岩層是紫色，在日光照射時，閃鑠出紫色的金光，因此又稱紫金山。山上有天文台，原是太平天國時的天保城。登台遠眺南京城全景如畫，長江晚暉，霞光萬道，景色極爲壯麗。山麓有許多歷代陵園，如南北朝的陳文帝，南唐主李璟、明孝陵等陵墓，惟多毀壞湮沒，僅中山陵完整巍峨壯觀。

鍾山植物園　在中山陵山下，又稱「中山植物園」遊人被中山陵的壯闊雄偉所吸引，很少有人注意此園。其實此園設計精美，花卉繁多，比其他園藝有過之而無遜色。南京地屬溫寒帶地區，花草生長較爲困難，管理當局，爲使園內有四時花樹茂盛，八節草木長青，乃按四時花卉特性，分區種植不同性質的花樹，使遊人無季節性的感懷，寒、溫帶花卉則分別用溫室、冷氣花室來種植，規模雖小，能使南北人士親近故鄉中的花木情懷。

秦淮風月　秦淮河由蘇南丘陵，溧水，句容兩條河北流至南京城通濟門分爲內外兩河。內秦淮河穿城而過，即現在本文的「秦淮風月。」外秦淮河繞城而過至水西門，內外復合注入長江。內河水深數尺，清潔碧綠，自六朝以來，逐漸成爲風月之所。秦淮河兩岸，種植垂楊綠柳，處處濃蔭，雕樑畫棟，鱗次節比，綺窗綠幔，十里珠簾，紅粉侑酒，美女如雲，華燈映水，畫舫笙歌，豪華競逐，旖旎美艷，甲於天下，時人稱譽，城內名勝，當數秦淮，六朝風月，歷史上渲染多少風流韻事，爲人們嚮往，長留心中。惟自民國後，雖仍保有六朝風韻，但已有美人遲暮，桃花命薄之嘆！

回首南朝無限恨，杜鵑聲裡過秦淮。

河水終古常流，風月已經古今不同，昔日的崇樓傑閣，畫舫珠簾，笙歌妙舞，紅粉佳人，如今春花秋月，芳草依然，惟人世已幾度秋涼，不禁令人憶起：「錦燈張宴韓熙載，紅粉驚狂杜牧之」的繁華盛況。眼前河道淤塞，水濁成臭，煙水蒼涼，繁華消歇，盛衰時異，徒令人追憶船樓，笙歌燈影，風流雲散而已。

夫子廟　在秦淮河畔，主建築大成殿東側的貢院，是明清兩朝考試的場所，貢院西街有石板巷和廣場是市賈聚集的場所，包羅萬象，娛樂飲食，歌台舞榭，人來攘往，熱鬧異常。孔廟本是聖潔、莊嚴、肅穆的地方，因建於秦淮河畔，泮池的水，由河中引入，而河中的水是風月場所的胭脂洗腳水，却把這些髒水滲透聖潔的殿堂。秦淮河的遊客，在此上下船，孔聖是儒家的首領，文化是人民的精神之所寄，喜歡清靜，不營謀、飯蔬食，飲潔水，曲肱而枕之，亦樂在其中，不義而富且貴，視之如浮雲。使超世脫俗的至聖，讓他居住在艷麗、塵囂、市儈、污穢的環境，說來眞是諷刺！

雨花台　在聚寶山梅崗上，山上有一塊天然石台，高十七丈，山石嶙峋，形勢勝美。相傳梁武帝時，雲光法師曾在此講經，當時感動上天，忽然雨花繽紛，因此以雨花台傳名至今。

莫愁湖　位於西門外，因六朝名妓莫愁曾在此居住過，後人懷念她的美艷，以湖名來紀念她。湖山勝美，風景如畫，據說是南京四十八景之首。明朝中山王徐達曾在此與明太祖下棋；太祖每下一白子，徐達即在下方下一黑子，他巧妙地在棋下完時，黑子竟排成「萬歲」兩字，太祖大喜，將莫愁湖賜給徐達做家園，並建「勝棋樓」，現改爲公園。湖中建有鬱金堂，賞花廳，光華亭等，並栽種大量荷花，湖畔蘆花繞岸，楊柳搖曳，古樸幽雅。是南京市民的遊樂勝地。

玄武湖　在玄武門外，東晉明帝爲太子時，在此鑿湖，據說一夜而成。原名太子湖，又稱桑泊，引長江的水爲習戰之地。傳南朝劉宗元嘉三十五年，湖中曾出現巨大黑龍，人們感到奇怪，遂成爲權貴狩獵的禁地，後改爲玄武湖。民國後因湖內有五個沙洲，再改爲五洲公園。鍾山倚於南，幕府山綿亙在東北，城垣屛障，翠巒夾蔭，美景天成。每當晚霞披彩，金波耀水，回首看明山寺廟，輕霧飄落沙渚間，宛如仙景。五洲：梁、櫻、翠、環、菱、各有美景，有橋相通。環洲有東晉時的郭英墓，梁洲有神仙廟，是曾國藩所建，題「水國花鄉」。湖中很多菱荷，夏日泛舟，點綴南朝金粉樓台，煙雨迷濛，更富江南情調。杜牧題詩：

十里鶯啼綠映紅，水村山廓酒旗風；
南朝四百八十寺，多少樓台煙雨中。

名城常多劫難，以南京來說：以往不談，只近百多年來遭太平天國之亂，人民死亡無數；日本侵略中華，城破之後，大屠殺我三十萬同胞，屍橫遍地，血流成河，痛心莫過於照片證明他的暴行，而仍否認曾經屠殺我的同胞。彼執政者且謊言欺騙學生，在教科書中說：「進出中國，而不言侵略中華。」誠令國人感到憤慨！

載於實踐季刊

金焦北固話鎮江

鎮江，三國時稱京口，曾爲東吳都城，今爲江蘇省會，位於長江南岸，大運河南北交會點，京滬鐵路貫穿其間，是水陸要衝。境內有金山、焦山、北固山，控扼著長江，形勢非常險要，因此「鎮江」——鎮守著長江，是名實相符，也是護衛著南京的要塞。

軍部北上已一年半，已三次設立後方辦事處，第一次在徐州，我升任營部軍需，初次負責後方事務，戰戰兢兢，小心謹愼，時虞殞越。第二次在靑島，和前方僅數十里之遙，同寅輪休度假的衆多，應酬亦多。此次設在鎮江，軍部駐在隴海鐵路線新安鎮，兩地相隔遙遠，到後方來休假，必須經隴海、津浦、京滬三條鐵路才能到達，休假的時間有限，長途跋涉，毫無可能。自己處理工作，可說已經輕車熟路，應付裕如，因此，除到前方一次外，遊山玩水的時間很多。揚州、南京、上海、蘇州、杭州、均曾多次留下遊踪。

金山 在長江南岸，原是長江中的孤島，後來南岸逐漸淤積，如今已和陸地相連，只能算是半島了。在山上眺望，長江如帶，水天一色，花草芬芳，景色秀麗。金山是以金山寺而馳名，寺聳立在六十公尺岩層上，依著山形建有重重疊疊的僧舍數百間，是著名的古剎。山腰有法海洞，是唐朝高僧「法海」坐化之處，即說部「白蛇傳」水淹金山寺的法海禪師。山上建有一坐七層慈雲塔，供奉法海禪師的肉身。門聯：

但使此心無所住，
雖有絶頂誰能窮。

焦山 兀立於大江之中，雖高僅四十多公尺，但全是石山，孤拔聳立，雄奇峻偉，誠天然中流砥柱。扼控著長江航行的隘口，一旅鎮守，雖萬旅難行，山上有砲台，是守護南京的重要屏嶂。有大小廟宇十餘座，其中定慧寺最大，建於唐朝。鎮江有輪渡定時往返，在山上盤桓，聽鐘聲繚繞，看山景清幽，長江浩瀚，水天一色，令人有出塵之感。

伯先公園 是紀念趙伯先先生爲推翻滿清專制王朝，多次參加起義，爲國犧牲的革命烈士。他的愛國熱情，鄉人非常崇敬，乃集資建公園，永留懷念。公園依山而建，園內花卉、假山池沼，樓台亭閣，廻廊曲徑，設計精緻，是人民休閒遊玩的好去處。

竹林寺 距鎮江東關約十里的衆山環抱之中，屬於鄉間山區。寺在衆山竹林之中而得名。寺建於何時，無從查考。中唐詩人劉長卿送竹林寺僧人題了一首詩：

蒼蒼竹林寺，杳杳鐘聲晚，
荷笠帶斜陽，青山獨歸遠。

可知寺齡已超千年。曾經香火鼎盛，僧舍寬廣僧人衆多，如今僧人極少，已經式微。一九四八年，我部後方辦事處曾借用該寺的空餘僧舍。在靜寂蒼茫安詳寧靜中，晨光曦微看霧繞山巒，暮色蒼茫，聽鐘聲繚繞，木魚罄聲，梵音繞耳，心境豁然、開朗。公餘之暇，漫步寺郊，青山、竹林、小橋、流水、斜陽、山色，成爲美妙的畫圖，而自己就是畫圖中人。半年多的寧靜生活，在以後滾滾紅塵的苦難人生旅途中，倍感懷念。

北固山　是揷入長江的一座小山，三面臨水，岩壁峭立，高踞在江渚之中，風景幽美秀麗。山上有甘露寺，歷史悠久，是三國時劉備過江招親，與孫權之妹孫尙香會親之處，結婚後即住在寺後，現在寺雖殘破，而劉夫人的粧閣「多暈樓」仍保持完整。「天下第一江山」橫額與試劍石亦仍在。

三國之中的雙雄聚會，「天下第一江山」可說名實相符，而「試劍石」則因劉備過江招親，完全是東吳想索回久借荆州的「美人計」，欲以美人引誘劉備前來，然後殺之，未料竟成眷屬，賠了夫人，只好羈絆劉備，藉以收回荆州。劉備成婚後想返回荆州，無計脫身，在與孫權相議砍石時，默默禱祝若能平安返回荆州，則劍入石。孫權亦默禱若能索回荆州，則劍入石。兩人的劍，均砍入石中，兩人的願望也達成。只是長江流日夜，物換星移，哀人生之須臾，浪淘盡千古人物，如今安在？

載於世界論壇報副刊

腰纏十萬上揚州

「腰纏十萬貫，騎鶴上揚州。」這是古人誇揚州是繁華銷魂的地方。

揚州是江蘇在長江北岸的淮南重鎮，原是古代九州之一，轄地包括今江蘇、浙江、福建、江西、安徽。曾為府，今為江都和甘泉縣，與瓜州相連，鎮江隔江遙峙，大運河貫川全境至杭州。明末史可法守揚州，孤軍奮戰，使清兵傷亡慘重，城破之後，清軍為了雪恨，關閉城門來大屠殺十日，後來嘉定城也被屠殺了三次。這就是「揚州十日，嘉定三屠，」記載清軍殘暴的事實。

揚州，市街樸實，商業繁華，城裡有唐代石塔，明代的文昌閣、史可法墓等。城外的「瘦西湖」，是揚州風景最精華的地方。

瘦西湖原名砲山河，又名保障河，是揚州著名明媚亮麗的風景區。湖面細長，綿亙十餘里，湖水潔淨清澈，有小島、亭橋、湖亭、小金山、五亭橋等名勝。堤岸遍植各種花樹，楊柳垂絲，隨風搖曳。明倫堂歷史悠久，乾隆行館極盡豪華美麗，私人庭院是富豪巨賈享受的地方。爭妍鬥麗，富貴競爭，設計佈局，清幽雅緻，名花異草移植自全國各地，假山之石取自太湖，景色之秀美，比杭州蘇堤各庭院毫無遜色。瘦西湖的美麗，婉約嫵媚，有若含羞的少女，清晨月夜，搖櫓湖中或漫步堤岸，己令人癡迷，若有紅粉結伴，更是人間天上。眞是：

曉起憑欄，六代青山都在望；
晚來把酒，二分明月正當頭。

大運河，又稱漕河，是春秋時吳王闔閭，爲了向西擴張勢力範圍，開鑿太湖至長江胥溪，後來其子夫差爲了逐鹿中原在長江的邗城至淮水開鑿了一條長一八〇多公里的邗溝，爲運河見史之始。隋煬帝爲了到揚州觀賞瓊花，也爲了淮鹽和南糧北運，不惜用大量的人力物力、財力；開鑿京、淮段、啣接從揚州至長江杭州，全長兩千多公里。到了元朝，因建都在大都——北京，必須開鑿運河，才能將淮壚和南糧運到大都。爲此先後把原來以洛陽爲中心的橫向運河，修築成以大都爲中心，南下直達至杭州，名「京杭大運河」，縮短了數百公里。京杭大運河的位置和區段分爲：北京到通縣稱爲通惠河，長八二公里。通縣至天津稱爲北運河，長一八二公里。天津到臨清稱南運河，長四〇〇公里。臨清到台兒莊稱魯運河，長五〇〇公里。台兒莊到淮陰稱中運河，長一八六公里，淮陰到瓜州稱裡運河，長一八〇公里。鎭江到杭州稱南運河，（江南）長三三〇公里。共計一千八百餘公里。江南段所經太湖，是中國第三大淡水湖。

隋煬帝接通至杭州的運河，稱爲大運河。自後發揮淮鹽南糧北運，北方的文化、經濟逐漸南移，得以南北溝通，有無相補，對整個中國有深遠的影響。然而隋煬帝爲了運河竟至國破家亡，當時是暴政，今天是偉大的建設，所謂「蓋棺論定」，似乎還需加上時間，以煬帝來說「蓋棺」不能論定。

揚州的富庶繁華，拜運河之賜良多，自唐至明朝末年，漕運的船隊，自長江北岸瓜州（鎮江每天有數班輪渡往返）至揚州二十公里的運河，舳艫相接有如海上長街。當時的淮鹽及南糧集中在揚州躉運，造就了鹽商、糧商，聚集在揚州，個個腦滿腸肥成爲暴發戶；建豪華住宅，貪圖享樂，征逐酒色，秦樓楚館，應運而生，紅粉侑酒，豪興競逐，笙歌妙舞，爭妍鬥麗，珠簾畫舫，美女如雲，風月之盛，海內傳頌。清朝康熙和乾隆皇帝南巡揚州，爲聲色流連忘返。杜牧詩云：

青山隱隱水迢迢，秋盡江南草未凋，
二十四橋明月夜，玉人何處教吹簫；
十里長街市井連，明月橋上看神仙，
人生只合揚州死，禪智山光好墓園。

揚州全盛時期，自唐至明朝末年，東南漕船每天浮江而上啣接不斷，繁華富庶，可說歷久不衰。惟自清軍十日屠城，歷經兵燹，而海運逐漸暢通，鐵公路相繼完成，河道年久失修，多已淤塞，今日的揚州，已無復當年繁華艷麗矣。

載於世界論壇報副刊

吳氏祖德源蘇州

蘇州又名姑蘇，周朝前即爲吳國地。吳王闔閭築都城，即今的蘇州。三國時東吳亦曾定都十餘年。隋唐以後，因南北大運河暢通，經濟重心逐漸南移，蘇州的地位更形重要。

吳姓始祖　泰伯，乃周文王的大伯父，兄弟三人，泰伯、仲雍、季歷。歷賢而有才，其子昌（即文王）生時有聖瑞，父古公欲立爲王；然長子在，爲父者不授長而立幼，則倫常倒置，棄幼而立長，則又背賢惜才，有莫可適從之難。泰伯深知：「若貴一代不萬代以之貴，則不如去一代之貴，而萬代以貴之，吾焉能貴一代而賤於萬代」的義理，乃偕弟仲雍，避居江蘇渤海—今蘇州，荊蠻之地，紋身斷髮，示不可用，季歷果立，傳文、武王，成周朝八百年天下。泰伯讓國之義，深得居民愛戴，舉爲吳主，死葬蘇州閶門外雁塔村，廟在村南。孔子讚曰：「泰伯可謂至德也已矣，三以天下讓，民無得而稱焉。」晉明帝追封爲三讓王，歷代帝王多有褒封，清乾隆皇帝南巡、三次遣使致祭。吳國傳二十二代，二十六主，凡六百五十餘年，現在姑蘇台雖毀，吳王闔閭虎丘墓仍在，其歷史悠久，江南土地廣大，恐少有其久遠者。

蘇州地近太湖以及運河、長江，原是雲夢大澤，歷經沖積，成爲平原。河汊縱橫，小船可到每一市街村落，橋樑之多，除著名的楓橋，寶帶橋、望星橋、烏鵲橋尙有一百六十多座。漁船帆影，小販穿梭，欸乃聲聲，水鄉情調，有東方威尼斯之稱。唐朝杜荀鶴送友詩；

君到蘇州見，人家盡枕河，古宮閒地少，水港小橋多；
夜市賣蓮藕，春船載綺羅，遙知未眠月，鄉思在漁歌。

人稱水秀之地，必多美女，蘇州水秀，甲於天下，故美女之多，馳譽中外。有人戲言人生應在四州：「吃在廣州、住在蘇州、穿在杭州、死在柳州，」就因爲廣州吃的東西最著名，蘇州的女子最姣美，杭州的絲綢最柔美，柳州的棺木最堅實。」其實蘇州不單美女聞名，茶點、小吃亦馳譽中華。人民生活富裕，性情瀟灑悠閒，日常手提鳥籠，到處蹓躂，茶館食堂且闢有掛鳥籠專用的地方。

江南園林甲天下，蘇州的園林甲江南，這是大家讚頌蘇州的園林之美。園林之設計必有迴廊。迴廊是園林一大特色，有遊廊、曲廊、複廊、橋廊、花廊等等。迴廊除了可供避風雨以外，也可以分隔園林景區，漏窗嵌於廊壁上可以廣濶視野，把園林被分隔的空間連接起來。而著名的：滄浪亭、拙政園、留園、獅子林、網獅園等都有各種「廊」的設計，只是各以其他設計加深園林之美，故各有不同的美感。

滄浪亭 始建於宋代，幾經擴建，於淸康熙時重修後最爲宏觀。先時宋朝蘇瞬欽字子美，以四萬錢買地所建，園內桃李爭妍，假山幽靜，廻廊漏窗，藕香荷嬌，饒富野趣。看山樓和滄浪亭最美。歐陽修慨嘆：「清風明月本無價，可惜只賣四萬錢⋯⋯

拙政園　明朝江南有四才子之譽，詩書畫名家文徵明設計、園區佔地六十餘畝，其中水域佔一半，以水景見稱。庭園山林、幾可亂眞，黃石假山，曲徑深幽、雕樑玉砌，飛閣垂簷，景色勝美。

留園　位於閶門外，淸代所建，是明代徐圓卿的東園故址，嘉靖年間改爲劉蓉峰莊院，因劉與留同音，故稱「留」園。後爲淸末郵傳部長盛宣懷購爲別莊。面積寬廣、規模宏偉，迴廊水榭，畫閣橋亭，格局布置，極富藝術。兩壁嵌有歷代書法家石刻三百餘磈，有「留園法帖」之譽。

獅子林　元代所建，其由來衆說紛云，人言言殊，莫衷一是，惟有見到矗立於山水之間的太湖石所堆砌而成的獅子，精巧運用，堆疊神韻，才能體會其庭園的意境。

網獅園　在蘇州幾個園林之中可說最小的一個，但以迴環對景的設計，可說精緻絕倫，身入其中，流連忘返。

寒山寺　蘇州的山水人物，秀絕江南，而寒山寺鐘聲，增加幾許典雅色彩。唐朝詩人張繼乘船過蘇州，夜泊楓橋，時屆深秋，大地蕭瑟，明月當空，鐘聲縹緲，有感而詠千古絕唱「楓橋夜泊」詩：

月落烏啼霜滿天、江楓魚火對愁眠，

姑蘇城外寒山寺，夜半鐘聲到客船。

使寒山鐘聲，留傳千古。清末康有爲曾經到訪，而大鐘已被日本人運走，慨然咏嘆：

鐘聲已渡雲東海，冷盡寒山古寺風。

日本使者伊藤博文得知此事，另鑄一鐘，鐫刻鐘銘送回。

虎丘 吳王闔閭葬地，歷史悠久，舉世聞名，高十三丈，周兩百丈，用十萬人治塚，取土塡太湖濱，以水銀爲灌，金銀爲坑，寶劍珠玉附葬；華飾風靡一時，葬三日白虎踞其上，因此名「虎丘」。丘後石山有四十七公尺高塔，建於隋朝，年久失修，已成爲中國斜塔。

劍池 虎丘旁有一大片整塊岩石，有講台，是神僧竺道生講經台，傳生公聚石爲徒，講經說法，時值嚴寒，池中白蓮，開出花朵，感動頑石爲之點頭。秦始皇東巡到蘇州，瞻望吳王墓，擬掘墓中寶劍，忽見白虎踞墓上，秦王以劍遙擊，劍落墳后石上，石竟裂開成爲石池，故稱劍池，「虎丘劍池」四字，是唐朝顏眞卿所書，至今仍在，是千年的石刻。

姑蘇台 在蘇州城南姑蘇山，吳國闔閭所建，集材三年、建造五年才完成，可知其工程浩大，華麗寬廣傳頌當時，吳王夫差與美女西施享盡歌舞昇平之樂，荒於政事，卒至山河破碎，身敗名裂。今已殘垣斷壁，荒草沒徑，往昔享樂破國之華麗樓台，如今僅供人憑吊。

載於世界論壇報副刊

十里洋場上海灘

中國之美在東南，東南之美在江蘇；江流入海水陸要衝，當數上海。

上海又名春申，簡稱滬。位於黃浦、揚子兩江的三角地區，是雲夢大澤沖積而成的平原，中國最大的城市，下轄上海、松江、金山、嘉定、川沙、崇明、青浦、奉賢、寶山和南淮等十縣以及靜安、楊浦、黃浦等地區，總面積六千一百餘平方公里。黃浦江與吳淞江（蘇州河）貫川市內至白渡橋流入黃浦江。而蘇州河爲太湖地區重要的運輸樞鈕。

上海原爲臨江面海的一個漁村，扼守著長江口，地形重要，日本浪人時常侵擾。明朝嘉靖年間派戚繼光掃平倭亂，從此設官管理，漸成市集。迨鴉片戰爭及八國聯軍攻陷北京，與英法等國先後訂立江寧、辛丑條約，闢爲五口通商之一的商埠。自後各國爭設租界，劃定利益區，大事擴建，成爲現代繁華的都市。人口驟增，商業發達，交通方便；築有京滬、滬杭甬鐵路，各啣接津浦、浙贛鐵路。輪船直達長江南北沿江各口岸，現在飛機起降頻率爲全國之冠。

上海熱鬧繁華，人口稠密不單爲中國之首，世界亦名列前茅。精華地多在原租界時代的中山東一路北起白渡橋，南至金陵東路，南京大馬路、外灘。所有建築，均以西歐古典風雅格局；如和平飯店金字塔尖頂的設計，古色古香可以代表歐洲的情調。大馬路是新潮建築的高樓大廈，美奐美侖，雄偉亮麗。南浦大橋，是世界第三大斜拉索大橋，新潮和科技結合的產品，雄偉壯觀，令人驚奇讚嘆。每當華燈初上，登上橋西人行道，或浦東四百六十多公尺高的電視塔，遠眺近視整個上海市盡收眼中。萬家燈火光明閃耀，像太空的星星。黃浦江波濤洶湧，煙波縹緲，帆檣林立，艨艟巨舶唧接數里。外灘和白渡橋車如流水，人潮熙攘摩肩接踵。聽濤聲澎湃，汽笛相連，觀輪船出入，繁華美麗的景象，令人胸襟爲之廣濶。浦東新開發更是一日千里，前景非常亮麗。

上海的繁華已是聞名於世界，而享受消費亦可與歐美高享受、高消費、並駕齊驅，甚而有過之而無不及。即以國際觀光飯店之設備堂皇雅緻，使人嘆爲觀止。大光明、卡爾登電影院，設備豪華，坐位寬敞，觀衆休息室，清潔寬敞，不在話下，即洗手間去方便一次，小費可能超過票價。廁內寬敞清潔毫無一絲異味，反而香氣四溢。入門即有專人侍候，供應所需一切，方便完了，準備好三盆洗滌清水，香皀、香水、香巾，一次一次送來，你能不慷慨掏腰包嗎？百樂門舞廳的地板，是玻璃塑鋼做的，下面有彈簧，跳舞時不時晃動，使人有光潔飄然之感。十里洋場銷金窟，誠不訛也。

上海是明朝以後才建立的都市，歷史上比中國很多城市的時間爲短，即以廣州兩千兩百多年，就短了一千五百多年，因此，古蹟不多。話雖如此，而三國時所建的龍華禪寺，九龍塔，清朝所建的九龍壁，及一座一、六噸重的大鐘，是歷史的瑰寶。

坐落安遠路與江寧路口的玉佛寺，光緒時普陀僧人慧根，從緬甸得到五尊玉佛，在上海建寺安放兩尊，故名玉佛寺，寺雖然不大，但有雕工精緻的玉佛和罕見的玉雕釋迦牟彌勒佛臥像、菩薩，十八羅漢、四大天王，諸天護法神像等，因而聲名遠播。

豫園是明嘉靖三十八年開始建築至萬歷五年才陸續建成，至今已有四百多年的歷史，設計精雅幽美。捲雨亭，仰山樓等小景，黃石假山，連綿疊翠，溪流繞樹，亭角飛簷，倒影水中，使人有如詩如畫的美感。

城隍廟原是一座古廟，光緒年間改建迄今有一百多年歷史，廟前後地方聚集不少各類賣藝和各種飲食小販，這是窮苦人民聚集的地方。

上海是舉世聞名的繁華都市，是富人的天堂，是窮人希望的寄託，所謂富者恆富，窮者恆窮，假如富人不知道得來不易，不知道惜福，任意酒色徵逐，揮霍無度，縱是豪富，亦會耗盡；而窮苦大衆，若能勤勞儉僕、努力打拚，也許有機會成爲富翁。但願人們能珍惜自愛，自強！自強！

載於世界論壇報副刊

山外青山樓外樓

杭州是吳越王和南宋的都城，今浙江省會。杭州風物，被人譽爲「天下所稀，上有天堂，下有蘇杭。」地處錢塘江的下游，大運河的終點，原是河海侵蝕之地，經吳越王修築海堤數百里，阻障錢塘江水和海潮，使土地不致有侵蝕之慮，且土地逐漸向海岸拓展，使原是滷域的地方，變爲膏腴的良田。因此，水陸交通商業日益暢通繁盛，建設杭州，功不可沒。宋室南渡，建都於此，故稱「臨安」；踵事增華，益見鼎盛，衣冠雲集，尤非昔比。

杭州的景觀，以西湖最爲著稱，面積周三十里，白、蘇二堤縱橫於湖中，分割成爲內外裡三湖。自白居易築白堤，蘇東坡築蘇堤，使西湖更增絕世風華，旖旎景色，聞名遐邇，歷久不衰。勝蹟薈萃，目不暇接，佳山妙水、相互輝映，尋幽訪勝，俯拾皆是，登涉觀賞，不覺勞累。月夜遊湖，更覺其美；蘇東坡將之媲美絕世美女，故稱「西子湖。」因爲西子的美麗，不論淡粧濃抹，皆稱絕色，乃有「若把西湖比西子，淡裝濃抹總相宜」之句。說明西湖不論在春夏秋冬，風霜雪雨明月當空和晦日天晴，一動一靜，在任何季節天候和湖光山色的變化，它的景緻，皆極妍美，各呈美妙，「四時佳勝之譽」，當非繆讚。

四時而論，以春月最爲美妙。當湖面被冰封時，光滑有似玻璃，划船遊湖，槳擊封冰，如碎銀聲響，清脆悅耳。春雪正濃時，梅花盛開，清香飄逸，桃李相繼，繁花似錦，春意盎然。綠葉紅霧，瀰漫十里，歌吹爲風，粉汗爲雨，羅紈競秀，艷冶極美。湖光染翠之美，山嵐設色之妙，在朝日始出和夕陽將下之間，極爲濃美。月色柔和之下，更感到花態柳情，山容水意，別有一番情調。斷橋白雪，蘇堤春曉，平湖秋月，西泠憑弔，遊人如織，摩肩接踵。難怪歷代王室貴族文士墨客，絡繹於途，宋室偏安，只圖享受，不事振作，由此可知，有詩詠嘆：

山外青山樓外樓，西湖歌舞幾時休，
暖風薰得遊人醉，直把杭州當汴州。

南宋偏安，國勢微弱，其來有自。宋太祖趙匡胤兄弟，手握重兵，欺騙寡婦孤兒，假陳橋兵變，黃袍加身，奪取後周柴世宗的天下，待一統太平，深知自己所爲，別人也會仿做，乃設計「杯酒釋兵權」，自我削弱兵力，致邊防空虛，招致以後遼國乘隙侵略，徽、欽二帝蒙塵，高宗南渡。岳飛誓志報國，有直搗黃雄，迎接聖駕還朝的壯志。奈康王自私，奸相阻撓，壯志難伸，且被陷害，含恨九泉！

南宋自高宗即位，偏安東南，經五帝一五二年，漫長歲月，多在戰亂之中，雖有忠貞如岳飛、文天祥等謀國，抱力挽狂瀾的壯志，奈無有爲之君，此皆杯酒釋兵權的遺禍。每讀孔尙任所著「桃花扇」最後離亭宴末句：「唱一曲哀江南，放悲聲唱到老」之句，實難禁爲國破家亡的遺老，一掬同情之淚！

平湖秋月 平湖原名望湖，始建於唐代，淸康熙擴建成爲館舍，親書「平湖秋月」橫額；並題：蘇堤春曉、平湖秋月、三潭印月、花港觀魚、雷峰夕照、柳浪聞鶯，南屛晚鐘、曲院荷風、雙峰揷雲、斷橋白雪等西湖十景。館舍面湖千頃，後枕孤山，三面臨水，旁建水軒，曲欄直達波際，不僅可欣賞全湖風光，更可眺望三面山色。湖山景色，千變萬化，尤其在秋夜月明，最爲美好；碧空萬里，湖水一平如鏡，明月映入湖心，皓月當空，人影在地，分不淸是月影還是水影，宛如置身廣寒宮中，此即「平湖秋月」的由來。孫銳題詩和淸代名將彭玉麟撰聯：

冷月寒泉凝不流，棹歌何處泛扁舟，
白蘋紅蓼西風裡，一色湖光萬頃秋。
憑欄看雪影波光，最好是紅蓼花疏，白蘋秋老；
把酒對瓊樓玉宇，莫辜負天心明月，水面風來。

花港觀魚 花港引泉爲池，下深數尺，有錦魚數千，日映水流，淸澈可數，投餅於池，群來爭食，咀呷有聲，跳躂刺潑，戲嬉其中，花樣繁多，賞心悅目，實爲奇觀。

三潭印月 三潭在外湖烟水蒼茫中，湖水浩瀚，天淸氣爽，一望無際，秋夏明月之夜，湖水澄潔碧綠，明月掛在天空，照射平滑如鏡的水中，宛如白玉盤中盛着一顆晶球。三潭印月，是湖心亭與阮公墩之間，有三處深水，俗稱爲潭。蘇東坡爲了告示世人小心，立了三個浮塔爲警示。塔形如瓶，浮漾在水中，當明月在天，空明無雲之際，月影將三塔的影分別映入水中，故稱「三潭印月。」繞潭有堤和石橋曲徑，景物極其幽雅。築有雅軒三楹，有關帝廟，退省堂，古人題詩聯極多，如：

繞廊荷花三十里，拂城柳樹一千株。
楓葉荻花秋瑟瑟，閒雲潭影日悠悠。
塔邊分點宿湖船，寶鏡開奩水接天，
横笛吹雲何處起，波心驚覺老龍眠。

雙峰插雲 在西湖任何地方，都可遙望到「雙峰」雄偉矗立的美景。

浮屠相對立嵬崖，積翠浮空霽霧迷，
試向鳳凰山上望，南高天近北煙低。

因爲是山峰，遠看才能顯出雄渾峻峭之美，且因山高險峻，無路可行，攀登的遊客較少。但在雙峰間的「九溪十八洞」，景色非常幽美，雖然山路崛崎，芳草萋萋，無路可通，雅士墨客，仍不畏艱險跋涉，撥草攀岩，前往觀賞者頗多。張星和袁牧探勝後留詩讚美：

春山縹緲白雲低，萬壑爭流下九溪，
欲溯落花桑曲徑，桃源無路草萋萋。

山無佛像山才古，水無魚船水不幽，
我愛九溪十八洞，把人引起又勾留。

柳浪聞鶯 位於杭州城南門外，植有柳樹千株，一片綠海，搖曳生姿，黃鶯棲息其間而得名，因地近城邊，闢爲居民憩息之所，後改爲軍事用地，不許人民進入，但清康熙的御題石刻「柳浪聞鶯」四字仍在。

南屏晚鐘 南屏山上的山峰高聳秀麗，怪石粗獷可愛，山道上有一座石壁橫亙在路上，好似天然的屏障。越過屏障，上有慧日峰，淨慈寺，寺中有一座圓照井，寺前有人工池，池上有亭，中有一根圓形石柱上，刻有「南屏晚鐘」四個字，寺內懸一座兩萬斤重的大鐘，上有明朝宋濂題銘。「暮鼓晨鐘」發人清醒，是佛門的功行。但淨慈寺的鐘則於晚間始響，因寺在南屏山上，故名「南屏晚鐘」。鐘聲潦亮，響徹雲霄，山谷回聲應和，傳音邈遠，發人禪思。

雷峰夕照 雷峰塔在淨慧寺北方有一座雷峰，頂端建一座寶塔，是五代吳越王錢俶之妃黃氏所建，歷經滄桑，今已頹毁，已無夕照美景，只供人憑弔，想念白娘娘被幽禁的故事，有詩云：

塔影初收日影斜，隔牆人語逐甘園，
南山遊遍分歸路，半入錢塘半暗門。

湖心亭 在湖中一座小島上，不屬於西湖十景，但花柳掩影，山光水色，極盡美麗。亭上題「靜觀萬物」兩旁聯：「波湧湖光遠，山催水色深，」係清康熙所題，語多切景。從亭中可遠眺南北二高峰，朝北西泠，鬱翠生姿，南則湖水如鏡，三潭遠拓，西湖景色，盡收眼底，實西湖的一處美景。

蘇堤春曉　原與白堤的「斷橋殘雪」美景，並名於世，惟自白堤成爲西湖的交通孔道，「斷橋殘雪」已名存實亡。由白堤至蘇堤，綠葉紅花，瀰漫十里。蘇堤是蘇東坡被謫杭州，疏濬西湖時，將湖中之泥築成長堤，栽樹蒔花，規劃成美景，人說「杭州生命在西湖，西湖生命在蘇堤。」西湖的風光美好，蘇堤的風光更嬌媚，步繞蘇堤四處觀看，留連忘返，總感到無法盡興。清康熙題十景之冠，其來有自。

蘇堤兩旁遍植梅李桃柳。大雪正濃，梅花盛開，繼之桃李，萬紫千紅，在泛泛一湖綠水中，一道蘇堤，堤下澄波如鏡，晨光初照，朝霧未收，飛燕掠過水面，微風輕拂，引起樹梢百花騷動，畫面紛然呈現如錦，柔弱的柳條籠罩在烟霧中，綠水漫無涯際，身在其中，若畫中的點綴。蘇堤本身已美，由堤上可到原是私人現爲西湖管理的許多美好庭園。更有映波、鎖瀾、望山、壓堤、東浦、跨湖六橋，人稱「六橋烟柳」即指此。六橋各通名山勝景，更增加蘇堤在西湖的重要。

西泠橋畔有岳飛廟，蘇小小、秋瑾女俠、革命詩僧蘇曼殊等的廟墓。

蘇曼殊　廣東人，母爲日本人，民初愛國文人，因愛情波折，身世顛連，削髮爲僧，曾以「斷腸零雁記、絳紗記、碎簪記和唐詩英譯」聞名於世。弔鄭成功在日本誕生地詩：

行人遙指鄭公石，浦白松青夕照邊，
寂寞神州餘子盡，袈裟和淚注碑前。

秋瑾墓 秋瑾字璿卿號競雄又名鑑湖女俠，江蘇山陰人，嫁湖南湘潭王建鈞爲妻，嫻詞令，工詩文，是清末的女俠，革命的中堅，倡言時政、改造中華，有鼓勵人民和被迫赴日本時的詩兩首：

黃河源溯浙江潮，衛我中華漢族豪；
莫使滿胡留片甲，軒轅神冑是天驕。

漫云女子不英雄，萬里馳軀獨向東，
詩思一帆海空濶，夢魂三島月玲瓏；
銅駝已陷悲回首，汗馬終慚未有功，
如此傷心宗國恨，那堪客旅度春風。

在日本加入同盟會，返國後在紹興辦明道女中，與徐錫麟創辦體育會，購買槍彈，訓練志士，作寶刀歌勉勵大家，案發後於六月六日殉難。她的碑銘：「身可殺、名不滅、越白水，秋風秋雨，痤茲古血。」死後葬於西泠橋畔，後人築祠紀念，祠聯「秋風秋雨，六月六日」。雖僅八字，意義深長。

蘇小小墓 南齊錢塘名妓蘇小小，美艷冠當時，死後葬西泠橋畔，建有亭，王成瑞題聯：

燈火珠簾，儘有佳人居此里；

笙歌畫舫，獨教荒塚占西冷。

但此地所埋的究是錢塘名妓蘇小小，或蘇東坡的妹妹小小，時人頗多爭論。因蘇東坡曾宰杭州，家人均稱其妹爲小小而不名。以聯爲證，必是錢塘名妓無疑。

蘇東坡之妹小小，是否眞有其人，仍待查考，現在說時人所談小小的一些軼事。小小自幼聰慧，得父兄的薰陶，長大後詩文造詣，直追兄長。王安石學問淵博，不服三蘇盛名，決定親到蘇家探究，屆時難免有學問上的辯論，結果如何，都會感到尷尬。爲釜底抽薪，小妹自告奮勇，假扮婢女在大門外工作，見王到來，流淚哭泣。小妹的面貌本不美又身穿布衣，王誤認是丫環，隨口問：（詩第一句）小妹隨口答云：

丫環何事哭啼啼，不說先生那得知，

門口雨飄柴又濕，灶前風急火難炊；

梳裝娘子嫌湯冷，尚學書生罵飯遲，

洒掃廳堂猶未了，房中又喊抱孩兒。

捷才答詩，一氣呵成，道盡丫環的心態。王誤認丫環有此學問，主人不問可知，即刻遄返。東坡面長，小妹額突，兄妹調笑有：

未入門前三兩步，額頭已到畫堂前。

去年一滴相思淚，至今流不到腮邊。

小妹嫁秦少游的新婚夜，題上聯難新郎，使新郎繞室沉思，難獲佳句，東坡知道小妹刁蠻，乃投小石入魚池，少游即刻想到：成爲絕妙佳聯。

閉門推出窗前月，

投石衝開水底天。

岳飛廟　飛字鵬舉，湯陰人，父早喪，事母至孝，幼時常與豪壯交遊，母恐誤入歧途，乃在其背上刺：「精忠報國」四字，要岳飛以忠全名。孟母斷機、岳母刺字，世稱最賢。飛原是宗澤的部將，後獨當一面，屢破金兵，高宗手書「精忠岳飛」製旗賜之。南宋經其努力經營，得以偏安。金將謂：「撼山易，撼岳家軍難。」破金兀朮的拐子馬後，軍威益盛，志氣高昂，對部將說：「我要直搗黃龍（遼都）與諸君痛飲。」一首「滿江紅」寫出他慷慨激昂，氣壯河嶽，豪氣干雲的壯志，不愧爲一代名將。官至太尉，授少保、黃河南北諸路招討使兵馬大元帥。朱仙鎭大破金兵，計劃渡黃河，直搗黃龍，迎徽、欽兩聖還朝。但康王深恐二聖還朝，自己的地位不保，乃聽信佞臣議和。

秦檜原被遼國俘擄，屈志降敵，做爲內奸。岳飛對遼國威脅極大，奉命致岳飛於死地。乃假傳聖旨，一日之間以十二道金牌，召岳飛還朝，以「莫須有」之罪死於「風波亭」，時年三十九歲。後孝宗雪其冤，復官爵，謚武穆。寧宗追封爲鄂王，謚忠武，遷葬西冷湖濱，以智果觀音院改爲鄂王廟，祀鄂王父子，元朝始改建爲精忠廟。廟貌巍峨宏偉，瞻仰鄂王，令人肅然起敬。當門立「碧血丹心」牌坊，正殿供鄂王像，其子雲、雷、震、霖同時被害亦有像。而秦檜、及其妻王氏，奸佞張俊、萬俟鑄鐵像跪大門內側，遊人謁王者多鞭撻其雪憤，且有小孩以尿尿淋其頭頂，似乎身為家長者應教以「恕」道。但由此可以知道忠奸善惡，反映人心，眞是：「青山有幸埋忠骨，白鐵無辜鑄佞臣」。

杭州西湖古蹟勝景之多，雖數度探訪亦難縷述，如靈隱寺、一線天等許多勝景，均未記述，對讀者至感抱歉。

一九九一年接大陸友人來信談及當年共遊西湖曾賦詩三首答覆：

西湖風景五洲聞，捧讀華章憶舊痕，處處青山波影裡，騷人墨客費量評。

少年誓志闖江湖，勝景名山盡漫遊，富貴榮華空悵望，韶光事業付東流。

原知老態俱成往，何事縈迴白了頭，寂寞蝸居簾不捲，燈前重讀舊詩書。

附言：岳飛祖先是客族人，被奸相秦檜反覆迫供，欲入謀叛之罪，飛不奈其煩，乃以客語答曰：「矛需要」。意思是說不需要一再迫問。秦檜始終無法入岳飛之罪，只好以「矛需要」諧音「莫須有」三字為罪名，開古今中外不成為罪名之罪名，故時人說：「欲加之罪，何患無辭」。

載於實踐季刊

十萬軍聲浙江潮

浙江潮即錢塘江潮，雖在杭州南岸，却遠距觀潮之地，海寧縣鹽官口和八堡一帶喇叭形的入海口，有四十里之遙。錢塘江觀潮，是古今盛事，每日子午兩個時辰均是大潮汐，尤以中秋後三日－農曆八月十八日最大，即定是日舉行觀潮慶典。

當潮漲時的波濤洶湧，有似呑天沉日，壯極雄偉。古代人們迷信是海神發怒，乃在江畔建塔以鎮之，塔名六和。

錢塘江口兩岸，因地形的關係，有龕、赭二山南北對峙，成爲江口的天然門戶。其下有沙潭，跨江爲檻，廣達五里，名鱉子門，兩岸築堤捍海水，謂之海塘。錢塘江發源於富春、陽浦等江，源遠流長，沿乍、澉二浦而來，海道驟窄，狂濤爭出海門，適逢西來的江水在此聚合，於是潮水一扼於山，二扼於檻、三與東來潮水撞擊，且因龕、赭二山之鍵束，遂成漂急湍悍，勢如萬馬奔騰，洶湧澎湃，罕有其匹。

潮汐在每日子午均爲大潮，若看十五夜子潮，明月當空，海上潮起，月影銀濤，搖光噴雪，雲移至岸，浪捲轟雲，白浪風揚，奔飛騰躍，勢若萬馬奔騰，眞是：「十萬軍聲夜半潮」。

一九四七年李宗仁先生當選第一屆副總統，翌年中秋後第三天親自參加觀潮慶典，觀潮的人潮比往年更增許多，據說有三十多萬人，不是坐無虛席而是無立足之地。滿山滿堤都是人潮，眞是歷古的盛事。當潮由海門來時，耳目感受難以形容；但見水天相接，有白鍊一條，自遠而近，逐漸高起，吼吼隆隆之聲，遠震十里，好像千軍萬馬的一字長蛇陣，步伐齊整，氣勢雄壯，迎面直衝而來，向石塘進攻，潮有一丈多高，名爲南潮。尙未拍岸，東邊又起一潮，如縱隊行進與南潮作丁字形相激相逐。

當南潮拍岸，東潮卻直搗南潮後方，浪高約兩丈，忽起忽伏，好似千萬騎兵相互猛衝。潮更高，聲更大，口耳相接不聞語音，十萬軍聲難匹錢塘潮聲。兩潮相激盤旋，才逐漸橫江而去。如雪鍊般耀眼，怒發出如雷般巨響，奔馳如閃電般快速，令人看得不敢喘氣。當海潮拍打石塘堤岸時，又是一種情景：水石相激，浪花四濺，白沫橫飛，人們站立較近，衣履皆濕。石塘堤遭撞擊，但覺地動山搖，隨時有陷落之虞。觀潮人至此，無不嘆爲觀止。

宋朝周密在武林舊事中記道：「浙江之潮，天下之偉觀也，自既望至十八日爲最盛。方其遠出海門，僅如銀線，既而漸近，則玉城雪嶺，天際而來，聲如雷霆，震撼激射，呑天沉日，勢極雄豪。」似此景觀，人生難得一睹，我有幸於一九四八年秋月躬逢其盛，耳聞目睹，且觀賞了子午兩潮，實此生的一大盛事。蘇曼殊大師有詩云：

風雨樓頭尺八簫，何時歸看浙江潮，
芒鞋破砵無人識，踏看櫻花第幾橋。

載於世界論壇報副刊

唇亡齒寒一葉秋

從青島遷駐鎮江，轉眼四個多月，工作餘暇，遊遍江南風景，尤其南京和杭州有多次暢遊。惟獨遺憾，當時不知吳氏祖德源自蘇州，以致未能尋根溯源。戰亂時期一切秩序均極凌亂，軍人乘坐火車大多不按規定購票，被大衆稱爲「霸王客」。鎮江在京滬鐵路線上，向東走西均極方便，過慣軍旅生活，旅遊各地，食宿簡單，花費就少。上海是繁華的銷金窟，生活費用昂貴，非窮措大的阿兵哥可以留連，除了一次觀光，三次經過外，去杭州是必經之路，也過門不入。在後方的一段時間，工作輕鬆，心情愉快。然而好景不常，一九四八年十一月七日，突然傳來惡訊。

第七兵團主力，是我部六十四軍和二十五軍組成，外加配屬部隊，均是乙丙種裝備。司令由原二十五軍軍長黃伯韜出任，駐守隴海鐵路線碾莊，與徐、蚌間的第五兵團邱清泉部，是鎮守南京長江以北的重兵。

碾莊地屬黃淮平原，是無險可守的四戰之地。各部已屬輕裝備，自非守戰爲主，共軍利用此一弱點，突以數倍兵力發動層層包圍，以人海戰術，一波波攻擊，消耗守備戰力。激戰至二十日，兵團部已經潰敗，司令黃伯韜移駐我部，又力戰至二十二日，在糧彈兩絕，援軍不至下，亦告潰敗。司令黃伯韜舉槍自殺，我軍軍長劉鎮湘被擄。

噩耗傳來，莫不震驚，即行開會籌設收容善後事宜。一周後有官兵陸續歸隊，營長張榮華近一個月才回來。因突圍後，東南西方向，全被共軍封鎖，嚴密盤查，乃反向北方，深入共軍腹地，繞道回來，一路躲躲藏藏，吃的、住的，都要謹慎小心。回來後身心疲憊，憔悴不堪，稍事休息，即遄返廣州，行前特別叮嚀，要我全權負責營務，妥善接待回來官兵。

我本負責後方工作，自是義不容辭，責無旁貸。回來官兵按規定發給慰問金、薪津各費，給予糧食、衣物、鞋襪、日用品、安置住所等，做到盡善盡美。大多官兵歷劫歸來，思親情切，歸心似箭，急欲返鄉者，除按規定給予路費，協助取得返鄉證明，以免在途中受憲兵查緝。

後方人員除無線電一班配屬後方指揮以外，尙有書記附員各一員，士兵三人。前方潰敗消息傳來後，該兩員不稍停留，不肯協助做收容接待工作，自行南返，且爲他們自己方便，鼓動士兵一人隨其南返，收容工作由我一人負責。平時閑散，一旦繁忙，深感心力交瘁。收容時間長達兩個月，除一次去南京軍醫院慰問探查傷患官兵外，未離鎮江一步，迨徐蚌戰爭再起，始隨後方沿鐵路線經江西南返廣州。

陸軍第五兵團，是由新五軍爲主幹組成，司令邱清泉是原五軍軍長。因此，大家稱邱部或邱兵團，駐守徐州、蚌埠間，是機械化部隊，火力強大，據說是全國陸軍第一；且有二十萬友軍歸其指揮，是鋼鐵般的陣容，與第七兵團是黃淮平原廣大地區衛戍南京的長城。第七兵團被困，邱部奉命率部馳援，因共軍認定此次戰役，關係今後整個戰區，乃調集數十萬兵力，作圍點打援，傾全力截擊救援部隊，因此，邱部援救工作，卒告失敗。

共軍以戰勝的餘威，於同年十二月傾全力圍困第五兵團邱清泉部，圍點打援，爲共軍一貫的戰術，用百數十萬民伕，以快速方法在外圍掘一道道，一重重深溝，名爲「彩虹壕溝。」使邱部的機械化戰具無法活動，且時值寒冬，大雪紛飛，滿地銀白，壕溝被雪花塡滿與平地很難辨認，偶一活動，即墜入深溝，成爲甕中之鱉。外傾全力攔截援救部隊，不使十三兵團李延年、十六兵團孫元良、以及王維、李彌等兵團啣接連成一線，致邱部被困三十多天的二十萬大軍，無法獲得給養，陸路中斷，空投有限，且大雪不停，能見度極低，敵我不明，常常誤投。若低飛則受共軍機砲射擊，損失慘重。

在未被圍困前一次行軍，有千餘部滿載糧彈的汽車，被共軍截劫，如今被困，糧彈兩缺，官兵飢餓，只好宰殺騎兵旅及各部馱運物資的馬匹爲食。但粥少僧多，凍餓致死官兵無數。後來共軍陣前喊話，送饅頭飯食，且驅豬羊進陣，官兵被飢寒所迫，顧及生命，有搶奪情形。

援軍不至，補給中斷，糧彈兩缺下，邱部於一九四九年元月十日潰敗，邱清泉在江蘇永縣舉槍自殺，步七兵團後塵。

此兩次戰役，我方稱徐蚌會議，中共稱黃淮會戰。不論什麼會戰，雙方均傾全力，可謂整個大陸的決戰，總人數含民兵有數百萬，是五千年歷史上最大的一次戰役。

東北棄守，北平和議，濟南開門，現在輾莊，徐蚌會戰慘敗，從此長江北岸，全爲共軍所有。長江天險已失，南京門戶大開，自此以後重兵不斷潰敗、投降，軍事形勢，惡劣至極，唇亡齒寒，一葉知秋，夫復何言！

從歷次戰役失敗情形看來，軍事領導高層，只知以忠貞訓誨，而缺乏戰術研究討論，結果以一己殉國，卻令生靈塗炭，以蒼生何補？以國家何補？誠堪浩嘆者再！

載於世界論壇報副刊

南昌故郡滕王閣

南昌，漢朝置豫章郡，開國功臣灌嬰築城，又名嬰城，唐朝改爲洪州，民國後改用南昌至今。地當鄱陽湖之南，贛江之東。由於地理形勢非常重要，常爲兵家必爭之地。

東漢末年，劉繇據有此地而不能利用形勢，竟爲孫策所併，許劭嘆曰：「豫章北連豫壤，西接荆州，形勢之處，繇不能用，坐併於江東。」韓世忠以奇兵出豫章，連營贛江數十里，遂平閩盜范汝爲。陳友諒與朱元璋爭天下，圍困南昌近三月，在鄱陽湖又纏戰五十天，被朱元璋射殺。寧王宸濠據此造反。洪楊叛亂，曾國藩與太平軍大戰多次。國民革命軍與軍閥孫傳芳爭奪南昌城，幾次進出；在在說明南昌在軍事上的重要，是江右的咽喉。

南昌現爲市，今江西省會、政治、文化、工商的重心。南有贛江，北有九江、景德鎭。贛江一水中流，挾諸水而入鄱陽湖。論其形勢，東望江浙、七閩，南控五嶺，廬山西屛，九江、湖口夾峙，守衛北疆。覽群山之蒼翠，俯贛江的奔流，鄱陽湖萬頃波濤，雲煙浩瀚，漁舟帆影，良田沃野，草木蕃衍，實水鄉澤國，魚米之鄉。王勃在滕王閣序中「襟三江而帶五湖，控荊蠻而引甌越，物華天寶……」之讚譽，誠非虛語。

滕王閣是唐高祖李淵的第二十二子元嬰，於太宗貞觀十三年（六二九）封皇弟爲滕王，實封千戶，食祿山東滕縣。原爲蘇州（一說金州）刺史，因荒於政事，玩樂無度，太宗駕崩，仍遊樂不禁，高宗函誡，自持皇叔，不改前非，乃於永徽三年（六五二）徙洪州都督。閣在任內所建，爲遊樂宴飮之所，至於規模，勃在序中：「層巒聳翠，上出重霄，飛閣流丹，下臨無地，鶴汀鳧渚，窮島嶼之縈回，桂殿蘭宮，列崗巒之地勢，………」的描述，可以想像。閣建於江濱高崗，踞丘臨江，碧瓦丹柱，雕樑畫棟，樓閣華美、雄渾壯麗。滕王因本性難移，荒嬉依然，被貶於滁州。後復起爲壽州刺史、隆州刺史。武后進拜開府儀同三司，兼涼州都督。薨後贈司徒、冀州都督，陪葬獻陵。

滕王閣建成後，歷二十餘年風雨侵蝕，已顯陳舊斑剝，都督閻伯嶼乃於上元二年（六七五），重新修葺，加以彩繪，煥然一新，定九月九日重陽舉行開閣勝會，邀請江右名儒，文人雅士，詩酒聯歡，推舉一人撰「序」，以誌盛況。實則已預定由其女婿吳子章執筆，俾翁婿揚名於後世。因此，開宴時閻公雖再三起身遍請來賓道：「帝子舊閣，洪都絕景，欲求在座諸公大才，作此滕王閣記，刻石爲碑，以誌後來。」諸儒已知內情，假裝不敢輕受。而王勃剛到不知內情，毫不推辭，慨然受之，滿座俱驚。閻公更爲內惱，礙以風度，僅能哂笑喊「敬酒」。王勃年輕氣盛，欣然持觚，對客長飮。酒酣，索筆求紙，伏案疾書，文不加點，滿座又驚。小吏跑步報：「南昌（有古文寫豫章）故郡，洪都新府」，閻公說：此老生常談。吏又報：「星分翼軫，地接衡廬。」閻公說：此故事也。吏三報：「襟三江而帶五湖，控荊蠻而引甌越。」閻公不語。吏又報：「物華天寶，龍光射斗牛之墟，人傑地靈，徐孺下陳蕃之榻。」閻公喜曰：此子視我爲知音。吏再報至：「落霞與孤鶩齊飛，秋水共長天一色。」閻公聽罷，以手拍几說：此子落筆有如神助，眞天才也。待勃寫完，與勃酣飲而大喜悅說：「帝子之閣，有子之文，風流千古，使吾等今日雅會，亦得聞於後世。從此，洪都風月，江山無價，皆子之力也。」閻公前倨而後恭，實因文章華麗，擲地有聲，愛才之故。自後「閣」因王勃此篇「滕王閣序」聞名遐邇，成爲王公大臣接旨宴會娛樂的場所。勃宴罷即赴交趾省親，翌年渡南海失足溺斃。時年僅二十八歲，不禁令人慨嘆！既有七百里風送滕王閣的奇遇，獨不享遐齡，豈天妒英才耶？

王勃字子安，山西絳州龍門人，生於貞觀末年（六五〇）祖父王通是隋朝大儒，父王福時爲朝廷命官。勃天資穎慧，家學薰陶，六歲解文章，九歲能綴聯句，構思敏捷，詞情英邁，深得親友讚許，下面三聯是勃十歲時重陽隨父出遊，父即景出上聯，勃未經深思所答下聯：

重陽遊郊，郊野黃花如金釘，釘滿野郊；

中秋賞月，月浸白萍如玉盞，盞盡浸月。

北雁南飛，兩翅東西扇上下；

前車後轍，雙輪左右輾高低。

捧青鬚三綹對青燈讀青史垂青名手中握青龍偃月；

芳赤縣千古秉赤面搁赤心輸赤膽跨下騎赤兔追風。

勃年十四應幽素舉，來到考場看見，全是年輕公子，束髮秀才，白首童生，惟獨自己是一個小孩。主考官點到他的名字，見其長衫拖地，乳臭未乾，突生奚落之念，口占：

藍衫拖地，怪貌誰能認；王勃仗膽反譏：

紫冠冲天，奇才人不識。主考官再戲謔說：

昨日偷桃鑽狗洞，不知是誰；王勃趣答：

今朝攀桂步蟾宮，必定有我。

勃果然高中博士，受朝散郎，成爲朝廷最年輕的命官。後作「宸游東嶽頌」和「乾元殿頌」，唐高宗見這兩篇文詞藻麗，歌功頌德，深爲讚賞。由此王勃成爲唐初四傑；楊炯、盧照鄰、駱賓王三人之首。後爲沛王府修撰，十分愛重。卻因衆王子年少戲嬉，以鬥鷄爲樂，勃戲著：「檄英王鷄文」。高宗見文大怒，被逐出府邸，未想及勃雖是命官，而年尚幼，童心未泯。稍後補虢州參軍，有官奴曹達犯罪，先憐而匿之，後又懼事泄，遂殺曹達滅口，事發被除名。時勃父福畤爲雍州司戶參軍，被株連左遷爲南海交趾令。上元二年（六七五），勃從山西動程，萬里迢迢往交趾拜望父親，於九月八日傍晚，船到安徽、江西交界處的馬當山，聞知明日洪州滕王閣有勝會，但馬當距洪州尚有近七百里水程，又值東南季風，風高浪急，難以逆航，心中正感懊惱，忽然天候突變，北風虎虎，向南狂吹，乃啓航南行，滿帆鼓漲，舟行如箭，翌日凌晨，抵達洪州，做了閻都督的不速之客，寫成千古奇文，一千三百多年來無人能出其右，即韓文公爲唐宋八大家文學之首，亦推崇備至，自嘆弗如。各朝名家所寫有關滕王閣序文數十篇和詩文無數，更難論矣。

「滕王閣序」譽滿國內，翌年冬季，唐高宗御覽全文，對「落霞與孤鶩齊飛，秋水共長天一色。」不禁拍案說：「此乃千古絕唱，眞罕世奇才，當年因「鬥鷄文」逐了他，是朕錯了。」想到這裡急問：「王勃現在何處，朕要召他入朝。」左右答已在南海落水而亡。高宗悵然喟嘆！下意識自言自語：「可惜，可惜」！

滕王閣，自唐朝李元嬰建閣至今，有記載被火焚、湖水沖刷倒塌凡二十八次，而有清一朝即十三次之多，（康熙朝四次）。每次毀後不久，即復重建，惟國民革命軍北伐，第六軍軍長程潛率部與軍閥孫傳芳，幾次進出南昌。孫於民國十五年十月派鄭俊彥，接替鄧如琢爲贛軍總司令。鄭誠恐城外建物爲國民革命軍佔據，得以利用民房居高臨下，便以攻城，著師長岳思寅，焚毀城外建築物，於當月十二日組成工兵四百人，由張鳳歧指揮，將城內的煤油征集在德勝，章江、廣潤、惠民四座城樓之上，以消防噴水槍將煤油噴射至城外建築物上，再投於硫磺彈；彈爆油燃，一片火海，燃燒三日夜，長達十餘里的城外沿江長街，盡成焦土。滕王閣位於章江門外，自難倖免，千古名樓，毀於兵燹之中。十一月北伐軍三打南昌，城陷後僅搜得岳思寅、張鳳歧、唐福山、侯全本、白家俊等要犯。十二月五日，五名要犯被綁轅門外示衆，憤怒人民，蜂湧上前咬肉、吐痰、拔鬍鬚、投石塊來洩憤。翌年元月十二日，舉行宣判軍閥大會，由大會主席郭沫若宣判五名要犯，在人民面前公開槍斃。自後國內動盪不安，經濟蕭條，日軍侵華，內亂頻盈，遷延時日，未能修復。中共當局從一九八〇年計劃興建，八三年奠基，歷時九載於八九年十月八日，農歷九月九日，才重建完成，距被焚已六十餘年。

滕王閣，自滕王以歌舞遊觀娛樂以來，歷朝爲拜詔迎官吟詩作賦抒懷雅集會友的宴賓之地。閣的勝景，古人云：「吳有鳳凰、兩花之台，楚有黃鶴、岳陽之樓，豫章則有滕王閣，從古不毀，以觀民寄樂，實爲江西第一觀。」韓文公則謂：「江南多臨觀之美，而滕王閣獨爲第一」的讚語。

閣每次被毀後重建，地址雖有變更，（南宋且曾築在城上），惟修建以原貌爲主。規模多比以往擴大。而本次之興建，選定地點在贛江與撫河交匯處新尾洲爲基地，塡河造陸，佔地四、三公頃，閣區規模之遼濶，爲歷來所僅見。而整個建物採用鋼筋水泥，地基深樁，地面兩層爲大平台，主閣高七層，共九層，以滕王閣序所形容意境而設計，各層陳設，以仿古爲藍本。因此，整個建物，高聳獨特；重簷碧瓦，氣勢雄偉，臨江取勝，符合「滕王高閣臨江渚」的意境。襯以廣濶的花園區，更突現崇樓傑閣，雕樑畫棟，瑰麗堂皇昂霄聳立的雄偉氣勢，體現各朝滕王閣的精髓，和中華民族的文化層次，反影古代文明的持質，元朝曾名「江西第一樓」，此次更可當之無愧。

本文資料：唐書、閣志、地理志。　載於世界論壇報副刊

悵望雲天感落寞

三十八年農曆二月初二日，我隨六十四軍後方業務留守處，自江蘇省鎮江經京滬、滬杭、浙贛、粵漢鐵路返抵廣東，住在南海縣三岸橋，和廣州市僅西江一水之隔。

三十五年北上時我曾說過：「我會平安歸來，」現在我是平安歸來了。然而，分別兩年多的廣州，令我有惘然、徬徨的感慨！景物雖然依舊，人事已經全非，往昔繁華寧靜、生活安定的都市、人們却顯得焦慮不安。雖然整個大陸都瀰漫著戰亂氣氛，市內尚聽不到砲聲和聞不到烟硝火藥味。但北地的同胞，家毀於戰亂，奉父母、攜妻子，南徙避禍的難民，像海潮般湧進，絡繹於途，露宿街頭無人聞問，情殊堪憫！這已顯現目前的情況，既非安定世局。而巨室顯達，懷抱巨金，日惟燈紅酒綠，歌台舞榭，尋歡作樂，囤積居奇，投機取巧，搶購黃金，美鈔、港幣，以保幣值，懵然不知覆巢之下，焉有完卵！政府發行的國幣，金元券，既成爲歷史名稱；現在流通的銀元券，一日數貶，已難論其價值。人民一家生活所需，日以萬計，大家對紙幣已失去信心，不願持有，市面上的流通交易，顯得非常困難。政府爲維持債信，迫不得已，將保證幣値的黃金、銀元，挪作軍公教人員的薪資，希望藉此挽救傾勢。

回到廣州，我深深感到無奈！落寞！徬徨！！國事蜩螗，瀕臨破碎，一切徵兆顯示難以挽救！自己流浪他鄉，像無根的浮萍；家、近在咫尺，內心深處很想回故鄉拜望高年祖母和恩深雙親，以及病危叔父等許多親人。但我此次再度從軍，甘嚐北地風雪之苦，實因與妻室性情不和而鬧仳離，至今已經三年仍未解決；雖廻腸百轉，總不願在尷尬情形下和她見面，以致錯過和親人見面的最後機會。如今已天人永隔，遺憾終生，徒悲不孝！此次過門不入，她瞭然舊夢難圓，自行離開，結束婚姻關係。

有一事我不知道，家中也未告知，新近接胞兄樞祥來信談及，我離家後，她曾產一女，約十歲才夭亡。如果當時我知道，爲體認骨肉，也許會容忍她跋扈性格，不致如此決裂，則今日之我，將是另一種人生。

北上前曾認識黃××小姐，過從甚密，兩情融洽，曾有婚嫁之議。但因自己名義上尚有家室，要她給我時間。北上後戎馬倥傯，行踪不定，且一度因故而疏遠，書信往還較少。此次南返，她已遷居香港，地址不明。如果她還在廣州，猶小姑獨處，我會毫不猶豫和她結婚。那今日之我，又是另一人生，想到結伴遊遍羊城，如今玉人已杳，何處覓芳踪？悵望雲天，深感落寞。

此次部隊南返，實際只是業務單位及收容歸隊的部份官兵。自碾莊，徐蚌戰事後，世局逆轉，每天報紙所載都是某地陷落，某地撤退，某部潰敗，長江雖稱天塹，而共軍渡長江，並未遭遇強大抵抗。政府放棄南京，顯示大廈將傾難挽已倒，風聲鶴唳，草木皆兵，謠言流蜚，人心惶惶，意志消沉，毫無對策，物價暴漲，人心已散，大勢已去，一葉知秋，已顯徵兆，軍旅生涯，對我這個功成不歸，敗且負咎的部屬軍官，已無前途，至爲明顯。然而時局動盪，百業凋敝，謀生不易，自己淸風兩袖，毫無積蓄，今後歲月，安度無策，此情此景，誠令人沮喪，徬徨！思考再四，唯有隨部隊行動，任由發展。

陸軍第六十四軍轄三個師，除一三一師於去年後調海南島，保持完整外，軍部暨一五六、一五九兩個師，必須重新整合，幹部除歸隊者以外，大多由第四軍調充。因現職軍長容有略，是由該軍副軍長調任。

通信營營長仍由張榮華出任，官佐大多由前方歸來。我承營長眷愛，仍給軍需原職，並調升爲中尉。全營官佐尚有七十位，編組時營長均要我參與，對我所舉，多獲採納。因此，副營長、書記、副官、軍械官，各連、排，特務長，非自己好友，也是熟知，故相處異常融洽、愉快！尤其書記熊少萍、副官詹錦堂、軍械官張彪，彼此情誼，至爲深篤。因此，明知軍旅前途黯淡，也只好安於現實。部隊經三個月編組整補，調往海南島。

載於世界論壇報副刊

瓊州孤懸南中國

海南島，古稱瓊崖，唐置瓊州，又稱瓊島，距珠江口虎門二六六海哩，雷州半島一二海哩，漁船往來，極爲方便。

唐宋時代，因地處中國大陸最南端，孤懸海外，遙遠荒僻，不少忠臣義士、詩人學者、政治家，遭貶逐到此地，五公祠即供奉：唐朝李德裕、李綱、李光、趙鼎、胡銓等先賢。祠於光緒十五年重建，以紀念五位名臣，將其光輝史蹟，刻記石上，祠是古典建築的樓房，上層有「海南第一樓」扁額，兩旁有楹聯：

三公祠紀念蘇東坡，和曾爲相的鄉賢丘濬與海瑞？門額：「南溟奇甸」，兩旁聯：

唐嗟末造、宋恨偏安、天地幾人才、置之海外；

道契前賢、教與後學、乾坤有正氣、在此樓中。

祠內有許多楹聯，其中清朝學士徐琪等聯：

於東坡外有此五賢、自唐宋迄今、公道千秋誰定論；

在南海中別成一郡、望雲煙所聚、天涯萬里見孤忠。

祇知有國、不知有身、任憑千般折磨、益堅此志；

先其所憂，後其所樂、但願群才奮起、莫負斯樓。

海瑞字汝賢號剛峰，瓊山人，是明代南京右都御史，爲人忠耿，不畏權勢，敢對皇帝犯顏力諫，爲國除弊，爲民請命，深得民心，被稱爲海青天。後因忤逆聖意，被貶瓊州，死葬海口市郊濱涯村，墓前有石人，石馬、石獅、墓側有陳列館，介紹海瑞的生平。

海口市，位於海南島北端，距大陸雷州半島，僅一水之隔，是海南省的政治、經濟、文化中心，於一八五八年天津條約闢爲商埠。市標是一座巨塔，有聯云：

一塔最堪稱海口景物；

巨椽能倒寫天下文章。

丘濬有詩云：

五峰如指翠相連，撐起神州半壁天；

料是巨人伸一臂，遙從海外數中原。

海南島面積，三三五七一平方公里，原屬廣東省，於一九四九年四月將原屬島上十六個縣市及東沙、西沙、中沙、南沙、群島，改爲特別行政區，迨易幟後，中共改爲海南省。各行政區除東昌、白沙在內陸以外，餘均與海相連。整個海岸線長達一五八〇多公哩。島北是溫帶，島南爲熱帶，冬季海泳，最爲適宜；尤以南端三亞灣大東海是海南島著名的海灘之一，數公里長的沙灘，水淸沙白（人們稱爲白沙灣）毫無雜質。在靑山蒼翠，蔚藍天空下，眞是靑山碧海，相互輝映。玳瑁山，天涯海角，是旅遊的景點。

海南整個島嶼，除南部有五指山，黎母山以外別無高山，全部是丘陵平原地帶。五指山、黎母山海拔一八七〇公呎，山中多原始森林，覆蓋著多種常靑的喬木，在天淸氣朗，可以淸楚看見五個山峰，猶如五個手指揷向白雲藍天，蔚爲奇觀。河系因高山在南方，以萬泉爲主，發源於五指山、黎母山，分向內陸東西北三方向出海，因此，內陸河系縱橫，航運非常方便，也減少旱澇之災。兩岸花開處處，到處樹木濃蔭，帆影櫓聲，風光無限，土地肥沃，物產豐富。宋朝盧多遜有詩讚美：

一簇晴嵐接海霞，海南風景最堪誇，
上籬薯芋春添蔓，繞室檳榔夏放花；
獰犬入山見豕鹿，水舟橫泊多魚蝦，
雖是絕島窮荒地，猶有幽人學士家。

工業方面，尙待開發，現仍以農業爲主，畜牧，植物爲副，亞熱帶氣候，稻可三熟，花生、甘蔗，生長迅速，文昌鷄、嘉積鴨，飼養方法特別，肥嫩鮮美，運銷廣州、香港、湛江，頗負盛名。椰子、菠蘿、荔枝、龍眼、楊桃、香蕉、檳榔、咖啡、藤條、沉香、檀木等產量都很豐富，爲島民帶來不少外滙，尤其橡膠是中國唯一的產地。

島因孤懸在南海，風勢比內陸強烈，且常有熱帶和颱風吹襲，使原始森林的木材：品質更爲堅韌，用於製造家具，橋樑、枕木，最爲優良。沿島均多漁場，產量極爲豐富，從而可知島民的生活，極爲安定富裕。

榆林港在南端，是中國優良的深水軍港。群山環抱，遮蔽港灣和航道，外海難窺全貌，航道寬、港灣深、巨船進入停泊，均極方便。鄰近三亞灣有機場，兩者是守衛中國南疆的海空重要堡壘。島於抗日戰爭初期，即爲日軍佔領，統治達七年多，日軍爲發展南太平洋戰爭，曾大力開發修築環島鐵路，全部路基，構築完成，部份且已通車。八所火力發電廠已構建完成，沿島選擇多處建深水港，各種建設已有藍圖，戰後因政局動盪，財力困難，不單未能繼續建設，且多破壞。

海南島在整個亞洲地區，有東沙、西沙、中沙、南沙爲屏障，扼守南海，地位非常重要。清朝末年，英、葡、法三國分佔香港、澳門、湛江、越南、美國佔菲律賓，可說歐美四國都佔了重要地方，美國仍擬將海南島列爲勢力範圍，英法恐影響均勢，強烈反對，始得保全。

我部於一九四九年夏到達海南島，翌年夏撤退至台灣。長達一年時間，島上風貌勝蹟，所知僅此。因爲大半時間，心情都在極度苦悶中。廣州已撤退，說明整個大陸，已由中共控制，確定今後暫時不能和家人連絡團聚，自己將成爲天涯的流浪兒。白雲悠悠，親舍何處？只能求諸於夢寐，豈不令人肝腸寸斷！然而不如意事接踵而來：張營長調職，接任人道貌岸然，語言態度，只有長官部屬，毫無袍澤情懷。書記熊少萍，調職海南特區幹訓團，副官詹錦堂，軍械官張彪，相繼調離。他們三人和我有深厚情誼，一旦分開，大有舉目無親，孤淸凄零的落寞感覺！因此，軍屬野戰醫院需人，奉准以上尉調任，因接替人對業務不熟悉，營長要我督導些時，未料竟因此耽誤，迨向醫院報到，缺已爲他人補實，乃轉入敎導師幹部訓練大隊任職。隊部新成立，沒有營房，官佐各自尋找民房居住，早上到隊部上班，晚飯後回住處。隊長安徽人，以前不認識。到職不久，海南即緊急撤退。

一九五〇年夏，共軍集中民船，自雷州半島浮海而來，一夜間危及海口市。防衛總司令薛岳將軍，宣佈緊急撤退，大隊部隨師部深夜登船，我未獲通知。第二天早上，雖然市街行人忙亂，我仍不知情形照常上班，到達辦公處已經人去樓空，深感訝異，徬徨！幸得供職補給區司令部的蘇啓蛟兄著專人前來通知，幷要我立刻隨其撤退，至則已在碼頭焦急等待。急難見眞情，感激不盡，永生難忘。

補給司令部撤退的船，到達楡林港，先行停頓下來，雖然大家還不知道下一步如何走，而蘇君參與機密工作，已經知道此行目的地是台灣，實則除此也別無可以容身之地。台灣早已實施進出管制，要上岸必須有機關部隊的申請，始能登陸。我原服務單位敎導師已失去連絡，現在我已成爲沒有單位的人員，去台灣必有廊煩，爲此乃請海南特區訓練團任職之熊君協助。

載於世界論壇報副刊